The Grids of the Word Crosser

Volume 1

DANIEL FONKEM

authorHOUSE

AuthorHouse™ UK
1663 Liberty Drive
Bloomington, IN 47403 USA
www.authorhouse.co.uk
Phone: UK TFN: 0800 0148641 (Toll Free inside the UK)
*   UK Local: (02) 0369 56322 (+44 20 3695 6322 from outside the UK)*

Published by AuthorHouse 02/21/2022

ISBN: 978-1-6655-9683-1 (sc)
ISBN: 978-1-6655-9682-4 (e)

Print information available on the last page.

This collection of crossword puzzles is dedicated to my mother Nahjela Fonkem who, because she was not literate, always urged me: "Make sure you read and write for both of us".

	ACROSS	
1	River - Divided	1
2	Imitated - Minicab	2
3	Nonsense - DNA segment	3
4	Open - Earthenware - Forefront	4
5	Males - Capital of Peru - Prank	5
6	Horoscope sign - Danish island - Panache	6
7	Ghetto - Phonetic transcriptions	7
8	Boundary - Phallus	8
9	Except - Trackless	9
10	Powder – Wicked - Systematic evolution of ligands by exponential enrichment	10
11	Fever - Exclamation - Brew	11
12	Mine - Suggested - Commissioner of Internal Revenue	12
13	Container - Stupid	13
14	Lake in Kazakhstan - Frost	14
15	Autograph - Shelf	15

	DOWN	
1	Smell - An ungulate resembling a pig	1
2	Gratified - Compressed Air and Gas Institute	2
3	Rejection - Cement	3
4	Asphalt - Demonstrate - Wiggle	4
5	Heroic - Near – Winged Persian beauties	5
6	Celebration - Martinican politician - Spoken	6
7	Offshoots	7
8	Disabled - Institute of Genomics and Integrative Biology of India	8
9	Schemer	9
10	Wizard - Exposed - Fiend	10

11	Administrator - Termites - Pin money	11
12	Box - Wish - Repine	12
13	Malevolent - Comfort	13
14	Zero hour - Mart	14
15	Odorless noble gas - Corporation selling print products	15

Puzzle number : 1

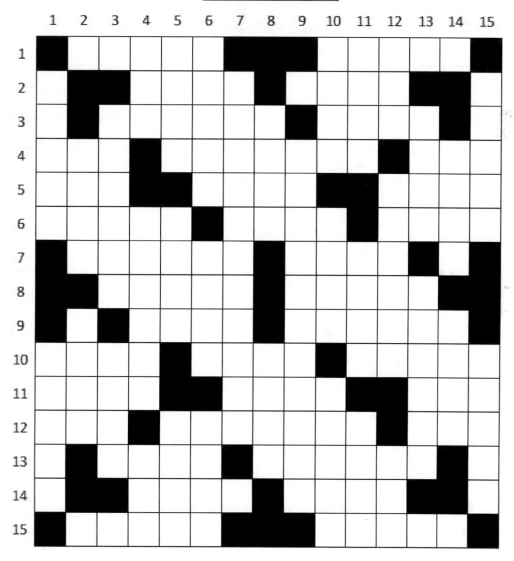

ACROSS

1	Hang - Large in scale	1
2	Vivacity - Tunic	2
3	Female reproductive cell - Inns	3
4	Noncombatant - Earned - Private detective	4
5	A Semitic person - Vocal - Hatchet	5
6	Alone - An art platform in Vienna - Valleys	6
7	Identical - Typeface	7
8	Shaped like a funnel - The devil	8
9	Simple fruit - Aliases	9
10	Blue - Not on time - Letter	10
11	Beat - Trademark - Hallucinogen	11
12	Dawns - Precede - Mineral	12
13	Wears away - Planted	13
14	Incensed - Plateau	14
15	Abettors - Antitoxin	15

DOWN

1	A crater on the moon - Bold	1
2	Hard ferrous metal - Crew	2
3	Elliptical - Dead body	3
4	Clergyman - Curvaceous - Eliminate	4
5	Graduate - Excessively orderly - In the front	5
6	Entertainment - Discharge - Ore deposits	6
7	Optimistic	7
8	Appoint - Periods of time	8
9	Tote board	9
10	Temporary residence for travellers - Get - Applications	10
11	Old - Statistics - Muzzle	11

12	Gold rush state - US state - Armed conflict	12
13	Tyrant - Image	13
14	Boss - Commotion	14
15	Chases - Eat	15

Puzzle number : 2

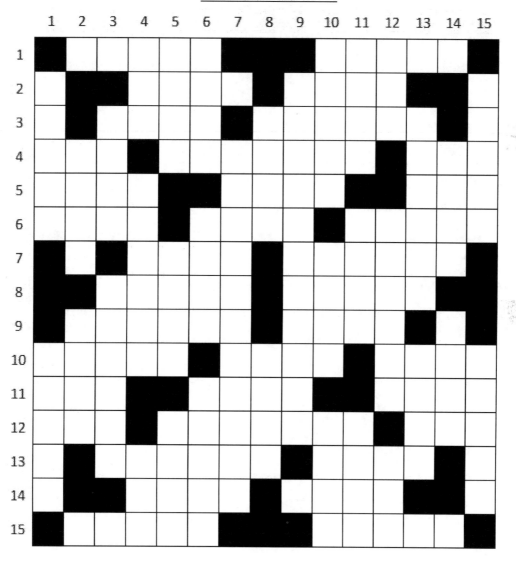

Puzzle number: 3

	ACROSS	
1	Destructive - Sonant	1
2	Record album - Poem - Steal - Conifer	2
3	Rest on one's behind - Beneficiary - Conscientious objector	3
4	Electronic music - Bottling - Einsteinium	4
5	Pursuit - Emergency medical technician - Notched	5
6	Personalities - Offshoot - Gramophone	6
7	Goal - Hymn - City in Yemen	7
8	Handler	8
9	Tricks - Slab - Parent rock	9
10	Public prosecutor - Tawny - Quick	10
11	Memorial - Hail Mary - Roman emperor	11
12	A suggestion of choice - Melody - Erbium	12
13	Los Angeles - Bachelors - Beggar	13
14	Optical character recognition - Open source ecology - United press international - Exist	14
15	Lover - Boiler	15

	DOWN	
1	Carnal - Croons	1
2	Intellectual property - Magician - Small bit	2
3	Toilet - Research and development	3
4	Misfortunes - Fussy	4
5	Rewrite - Promissory note - Sword	5
6	First president of Angola - Whale - Lack of difficulty	6
7	Summary - Bigger	7
8	Pet names	8
9	Immediately - Quicken	9
10	Interminable - Brew - Next to something	10

11	Very overweight - Swallowed - Fool someone	11
12	Start over - Blood deficiency	12
13	Provided that - Tedious	13
14	Bad habits - Infrequent - Inhabit	14
15	Notched - Correspondent	15

Puzzle number : 3

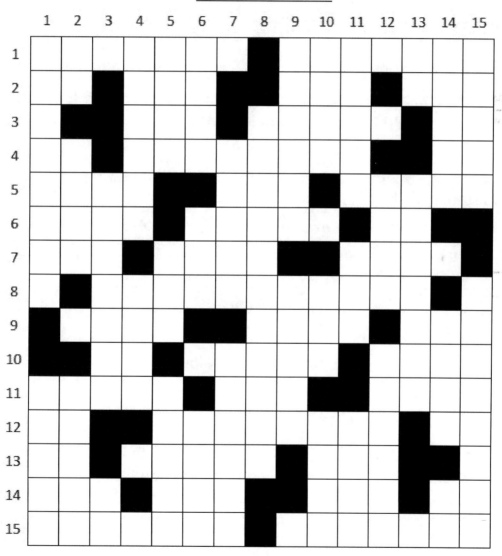

	ACROSS	
1	Lamenting - Celebrity	1
2	Neither - Fjord - Beer - Male	2
3	Transaction translator - Procreated - Grab a chair	3
4	Extraterrestrial - Inspector - Gold	4
5	Ascended - Craft - Having an innate capacity	5
6	Lavatory - Informant - Remains	6
7	Sandal - Passport - Allow	7
8	Straitlaced	8
9	Knock - Go away - Orderly	9
10	Sign of something to come - Long stories - Anno Domini	10
11	Flanking - Night before - Scanning system	11
12	Terminal Reality - Chat - Box office	12
13	Task force - Supporting Initiatives to Redistribute Unused Medicine - Operating system	13
14	Fierce - A mountain in Armenia - Signal - Hail Mary	14
15	Arduous - Adversaries	15

	DOWN	
1	Come in - Starter	1
2	Games of chance - Chieftain - Record album	2
3	Space being - Exchanged	3
4	Very light brown - Honey	4
5	Papua - Information retrievals - Frizzy hairstyle	5
6	Pretended behavior - Frozen water - Hindu goddess	6
7	Roman emperor - Ribbons of material	7
8	Outgrowths	8
9	Chalice - Crimson	9
10	Young woman - Repetitive strain injury - Hard	10

11	Miscellany - Something done - Restate	11
12	Posterior - Reliquary	12
13	Bloated - Artificial intelligence	13
14	Interjection - Forward - Higher in position	14
15	Appeals - Blushes	15

Puzzle number : 4

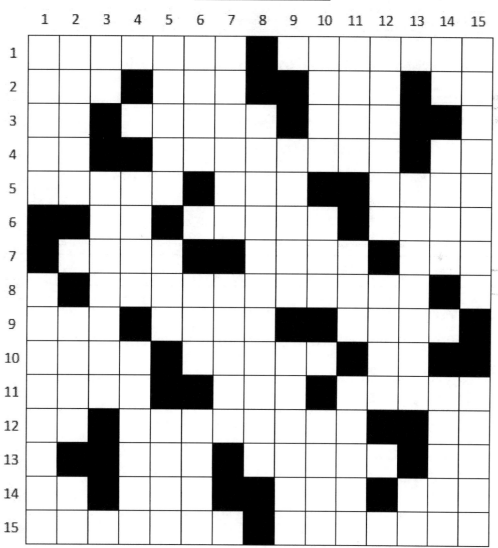

Puzzle number: 5

ACROSS

1	Music box	1
2	Meetings - Friend	2
3	While - Trim - Ahead	3
4	Galley - Sooner than - Animation	4
5	Poems - Unsurpassable - Eggs	5
6	Beat - Physician - Male humans	6
7	Bodily - Defilement	7
8	Appraised - Cold	8
9	Person greatly admired - Ceremony for the dead	9
10	Illuminated - Small intestine - Quick pull	10
11	Action game on PlayStation - Quick - Sprite	11
12	Mentor - London Stock Exchange - Inaction	12
13	Block of metal - City in Saudi Arabia - Decinewton	13
14	Serbian footballer - Paradise	14
15	Recite	15

DOWN

1	Work very hard - Arrange next to	1
2	Sexually transmitted diseases - Emergency room	2
3	From - Warehouses	3
4	Cords - Intervening - Loosen	4
5	Compress - Inanimate - Global Interpreter Lock	5
6	Concubines - Communicate - Positions	6
7	Between - Oriental	7
8	Selenium - Director - Intermix - In the direction of	8
9	Dry - Cougar	9
10	Death rattle - Ferrous metal - Loincloth	10
11	A state in Nigeria - Calibration - Canadian Advanced Digital Ionosonde	11

12	Ennead - Average - Jewish surname	12
13	Assembled - Neon	13
14	Hail Mary - Gruesome	14
15	Stupid - Very large	15

Puzzle number : 5

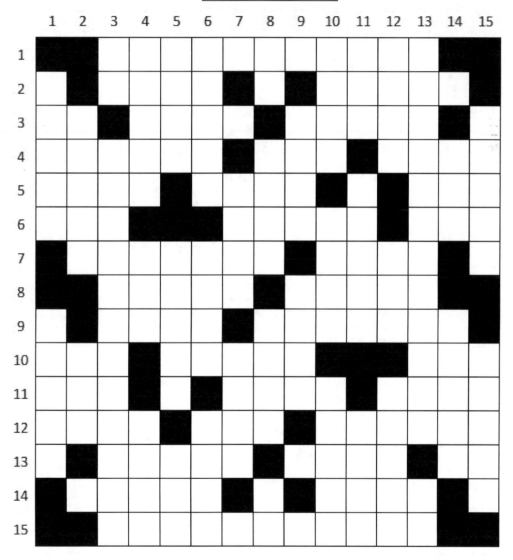

Puzzle number: 6

	ACROSS	
1	Negligent	1
2	Trap - Unfastened	2
3	Level - Public school in Berkshire - Thus	3
4	Take off outer covering - Swallowed - Worshiper	4
5	Absolute Risk Reduction - Image - Note	5
6	Second Amendment Foundation - Seducer - Minute	6
7	Sponsorship - Bane	7
8	Equestrian - Hebdomad	8
9	Gauged - Quasi	9
10	Son - Gateway - Decline	10
11	School of thought - Market - Canadian National Exhibition	11
12	Think - Basque organization - Small hard pellet	12
13	Double Spoiler - Netted material - Decorate	13
14	Trunk - Long stories	14
15	Modest	15

	DOWN	
1	Twitch - Flip side	1
2	Period in history - Measure	2
3	Impedance - International system of units	3
4	Fix with a pointed object - Depart - Claw	4
5	Exist - Omit - Domesticated	5
6	Prefix for one trillion - Consumer - Sticker	6
7	Excitement - Plexus	7
8	Expert system - Paradise - Allowance - Tuberculosis	8
9	Metallic minerals - City in West Virginia	9
10	Complete - Plateau - French automobile	10
11	Personal stereo - Occurrence - Outer Planets Alliance	11

Puzzle number : 6

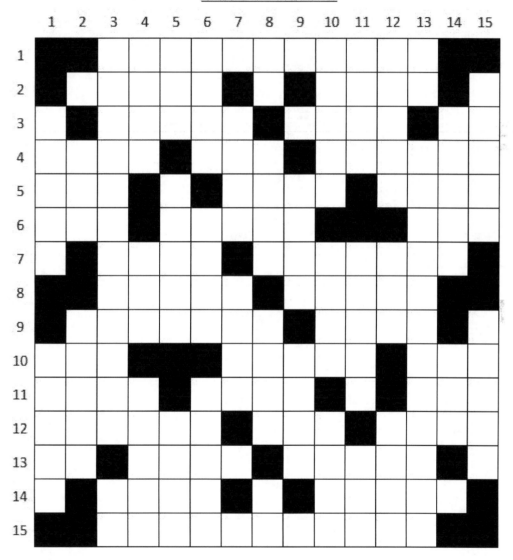

ACROSS

1	Mess - Increase	1
2	Low - Blister - Mother	2
3	Mister - Hurrah - Nickel	3
4	Persuasions - Play on words	4
5	Administrator - Farmland - Rub out	5
6	Bark - Partly - Fashionable	6
7	Not on time - Pulse - Sea surf	7
8	Obsequious	8
9	Volcano in Sicily - Negative - Stroke	9
10	Nobiliary particle - Smallest part of something - Seize	10
11	Crown - Memorial - General Post Office	11
12	American Sign Language - Artifices	12
13	Tennessine - Irish Republican Army - Small truck	13
14	Belonging to us - Lady - Exclamation	14
15	Emancipator - Couch	15

DOWN

1	Lyrical - Power wheel	1
2	Time period in history - Point in question	2
3	Egyptian god of the sun - Lessen - Rutherford unit	3
4	In addition to - One who consumes food	4
5	Misers - Radon - Away from	5
6	Armed attack - River in Switzerland - Overcrowd	6
7	Freighters - Disgrace	7
8	Eurostar - Throw out - Erbium	8
9	Burn - Emblem	9
10	Hail - Driving while intoxicated - Small Mediterranean trees	10
11	Belittle - Actinium - Family	11

12	Adversary - Bug	12
13	Exist - Walls - Downtown	13
14	Strength - Short sleep	14
15	Very important - Blacken	15

Puzzle number : 7

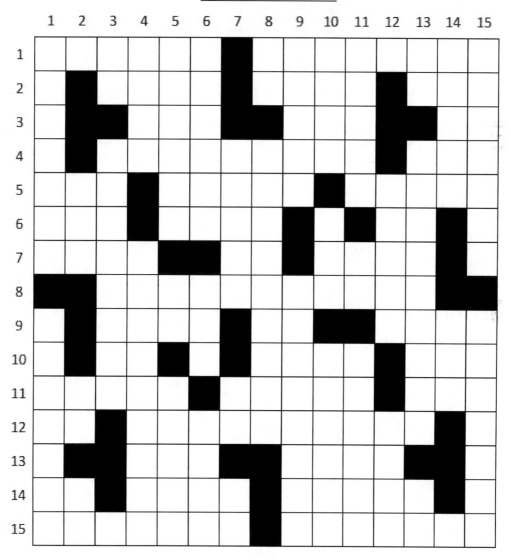

Puzzle number: 8

	ACROSS	
1	Necklace - Feces	1
2	Exist - Ultimate - Imbibes	2
3	In the direction of - Sash worn in martial arts – Trans nationality Index	3
4	Egyptian cobra - Pertinence	4
5	Charter - Inspire - Genialness	5
6	Radium - Onward - Small truck	6
7	Rancid - Box Office - Beluga	7
8	Unconditional	8
9	Attention deficit hyperactivity disorder -Argon -Repurchase agreement	9
10	Hawaiian flower necklace - Mom - Record album	10
11	Anthology - Establishment - Braid	11
12	Glow - Bounce	12
13	Caviar - Heaps - Bad	13
14	Contradictory - Advance - Stiffen	14
15	Bistros - Disperses	15

	DOWN	
1	Romance language - Frightened	1
2	Came into being - Hideaway	2
3	Towards - Restricted - Indefinite article	3
4	Dish of vegetables - Compulsion	4
5	Attachment - Information technology - Record of experiences	5
6	Milieu - Poem - Foreigners	6
7	Banishment - Ragamuffin	7
8	Titanium - Intricate - Cesium	8
9	Bravery - Sword	9
10	Extensive manor - Irish Republican Army - Oblivion	10
11	Demon - Year of our Lord - Belief	11

12	Long story - Escapade	12
13	Cowden syndrome - Encased - Mother Earth	13
14	Swallow - Free from harm	14
15	Air passenger carrier - Chases away	15

Puzzle number : 8

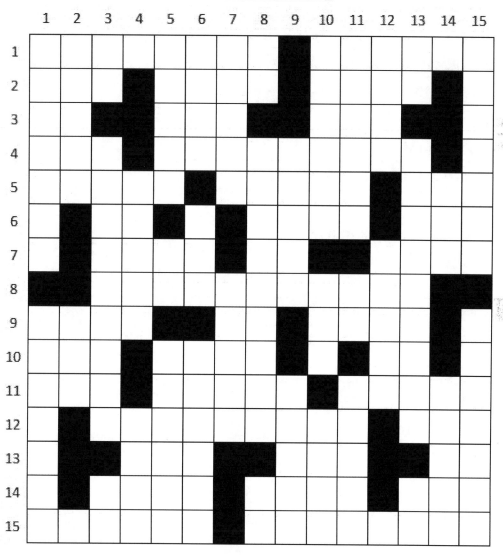

ACROSS

1	Diverted - Go by
2	Shine very brightly - Lustrous chemical element
3	Article - Menial worker
4	Inspire - Town in Nigeria - Thank you
5	Gown - Beginning - Feline
6	Expert - Belief - Install
7	Gigantic - Make breaking sound
8	Recreation - Central Intelligence Agency
9	Person with much experience - Burst
10	Night before - Kept from growing - Emergency room
11	Home - Did wrong - Distort
12	Put into a place - Knock - Range
13	Beauty - Friends
14	Evergreen tree - Celebrity
15	Concept - Nut

DOWN

1	Action
2	Bearing - Uniform
3	Example given - Condone - Question - Common Era
4	Best - Exist - Cablegram
5	Proportion - Models - Disrespectful
6	Sooner than - Barbed - Escape
7	Colloquial - Nourishment
8	Forbiddance - National Rifle Association
9	Hypocrite - Danced
10	Side - Incinerated - Beer
11	Elementary particle - Nymph - Flicker

Puzzle number : 9

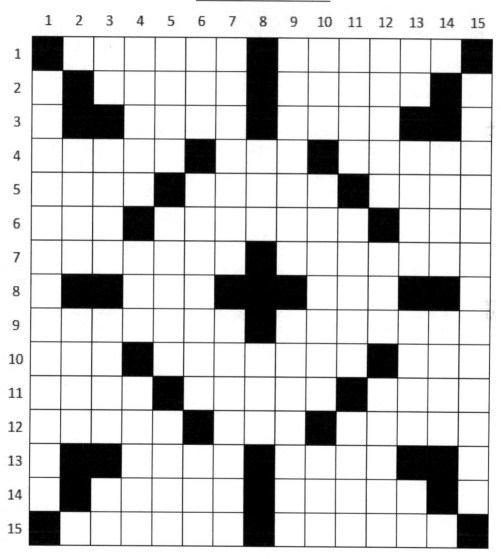

ACROSS

1	Prior to the war - Skirt	1
2	Protozoan - Run away to be married	2
3	Rewrite - Grotto	3
4	Cripples - Gutsiness - Rub out	4
5	Extra - Outlined - Old	5
6	Son - Connected - Female sheep	6
7	Cultured - Aspect	7
8	Hail Mary - City in Nigeria	8
9	Alive - Nemesis	9
10	Associate - Tonic - Eccentric	10
11	Fifteenth of March - Help - Cigarette	11
12	Titled - Cockeyed - Evil influence	12
13	Skirt - Scent	13
14	Kayak - Brands	14
15	Claim - Laxative	15

DOWN

1	Conceptions	1
2	Champion - Zero	2
3	Radium - Cuisine - Component - Chlorine	3
4	Prince - Embankment - Bristly	4
5	Marries - Adversary - Hill	5
6	Association of British Insurers - Doubter - Dress	6
7	Hovel - Migrant	7
8	Anthology - Basque Organization	8
9	Hide - Tumor	9
10	Wow - Convey - Wall	10
11	Wander - Hold off - Arcade	11

12	Magnum opus - Male humans - Cap	12
13	Neon - Crooked - Bleak - International system of units	13
14	Stitched - Marsupial	14
15	Fixed	15

Puzzle number : 10

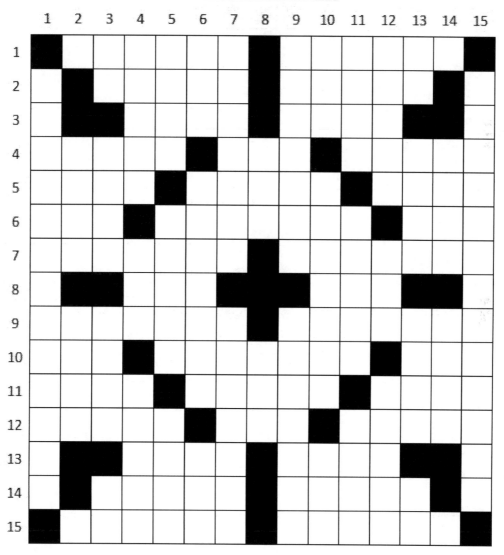

	ACROSS	
1	Guess - Shadows	1
2	Test pressing - Smile widely - Taxi - Goggle	2
3	Choose - Contradictory - Slightly open	3
4	Towards - Dramatic	4
5	Rub out - Visit - Recess	5
6	Data Processing - Ahem - Years	6
7	Small bit - About - General stores	7
8	Brevity	8
9	Spiral - Aluminum - In contact with	9
10	Alcoholics Anonymous - Knock out - Fashionable	10
11	Sapling - Swarm - Angry	11
12	Founders - Authorized Version	12
13	Insane - Castigate - Brew	13
14	Nautical mile - Disc operating system - Stride - Either	14
15	Ruler - Cowboy hats	15

	DOWN	
1	Hoarded - Hit	1
2	Above - Gutsiness - Myself	2
3	Fatty	3
4	Machine gun - Trail - Ballad	4
5	Enraged - Cash box - Image	5
6	Exhale - Light brown - Improve	6
7	Part - Captured	7
8	Conservationist	8
9	Domesticated - Fungus	9
10	Frightening - Presently - Ceremony	10
11	Wanderer - So be it - Island	11

Puzzle number :11

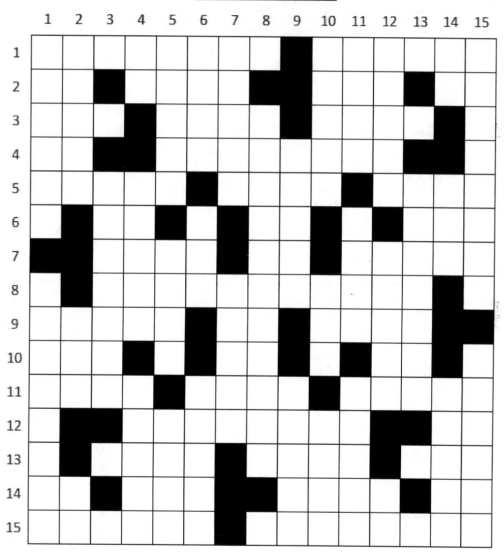

ACROSS

#	Clue	#
1	Illusions - Educational	1
2	Recreational Vehicle – Tear – Requests – Carbon monoxide	2
3	Chromosome - Alarm - Private detective	3
4	Jet - Scandium	4
5	Stamp - Madam - Bare	5
6	Internal Revenue Service - Ytterbium - Aluminum	6
7	Native - Tuberculosis - Reliquary	7
8	Feast day	8
9	Insignia - With respect to - Restrained	9
10	Fashionable - Mother Earth - Cereal	10
11	Violin - Overhang - Unit of computer memory	11
12	Neon - Injure	12
13	Shrivel - Oriental - Equipment	13
14	Integrated circuit - Statistics - Basque organization - Exist	14
15	Spectacles - Movements to music	15

DOWN

#	Clue	#
1	Resting - Honest	1
2	Recreational Vehicle - Age - Thanks	2
3	Unbalance	3
4	Territorial - Against - Displaced person	4
5	Petticoat - Forearm - Perfection	5
6	Seed - Sick - International Air Transport Association	6
7	Cable - Written discourse	7
8	Surprise	8
9	Girder - Steward	9
10	Principal - Is in possession - Made a mistake	10
11	Assent with another - Grind - Memoir	11

Puzzle number : 12

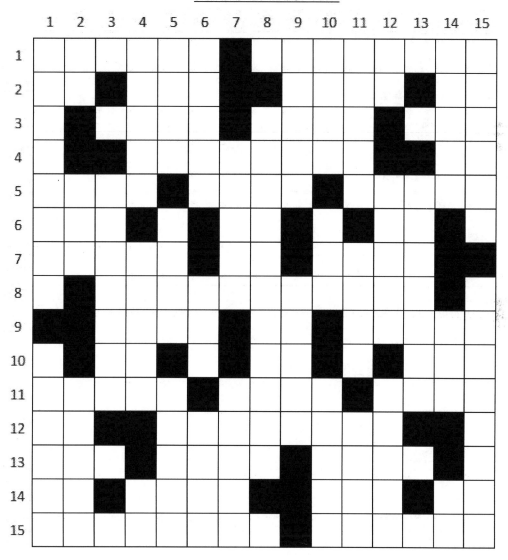

	ACROSS	
1	More accurate - Affinity	1
2	Blunder - Prong	2
3	Hunting expedition - Rhythm	3
4	Period in history - Categories - Letter in Greek alphabet	4
5	Storeroom - Unfortunately - Court order	5
6	Protozoan - Infirm - Exist	6
7	Calm - Excrement	7
8	Wise person - Vivacity	8
9	Blockade - Entertained	9
10	Automobile - Elicit - Mistake	10
11	A great distance away - Short form of Herbert - Ruptured	11
12	Suitable - Kindle - Damp	12
13	Calm - Derivation	13
14	Article - Quick	14
15	Mimicry - Direction	15

	DOWN	
1	Indication - Small hat	1
2	Border - Hunting expedition	2
3	Auctions - Angry	3
4	United States - Overweight - Brink	4
5	Fairytale character - Proverb - Subside	5
6	Genus of moth - Old - Previous	6
7	Priest - Union Bank of Switzerland - Belonging to me	7
8	Stupid - Deeply perceptive	8
9	In the direction of - Repetitive stress injury - Retired	9
10	Mimic - Gorgeous - Rendezvous	10
11	Units - Rub out - Damage	11

Puzzle number : 13

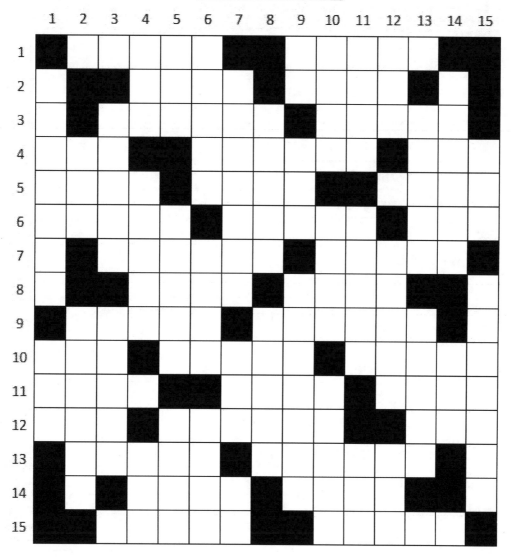

Puzzle number: 14

	ACROSS	
1	Twitch - Archaic	1
2	Steel - Pursuit	2
3	Whole - Undisturbed	3
4	Beggar - Act reasonably - Light brown	4
5	Emulates - Accomplished - Cruised	5
6	Outfit - One who paddles a boat - Mister	6
7	Challenged - Delinquent	7
8	Profess - Burned	8
9	Musical compositions - Dress	9
10	Smallest element of an image - Giant - Squeeze out	10
11	Dry - Denial - Good	11
12	Foundation - Peaceable - Break	12
13	Very happy - Drugged	13
14	Hooray - Meter	14
15	Acclaim - Assistant	15

	DOWN	
1	Rod - Accomplished	1
2	Irresponsible - Anger	2
3	Last - Native metal	3
4	Cavity - Assaulted - Allow	4
5	A Semitic person - Celebrate - In the past	5
6	Singular - Scent - Essential	6
7	Magnetic north - In what manner - Doused	7
8	Hoarder - Entrenched	8
9	Admires - Lots - Master of ceremony	9
10	Challenger - Abundant - Deity	10
11	Champion - Alarm - Center	11

Puzzle number : 14

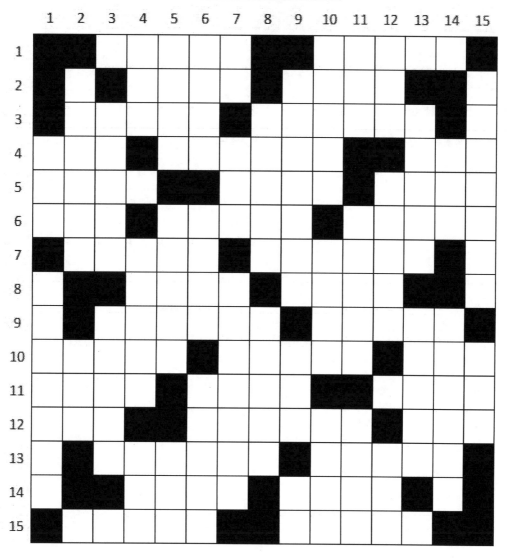

	ACROSS	
1	Cherry - Evacuee	1
2	Member of the bovine family - Advice - Society of Automotive Engineers - British Thermal Unit	2
3	Abandon - A collection of European peoples - Hemoglobin	3
4	International system of units - Rhapsody - Farmer	4
5	Contribution - Either - Obstruct	5
6	Decayed - Array - Schooner	6
7	Many - Step - Shock therapy	7
8	Become settled	8
9	Age - Auditory - Cereal	9
10	Personalities - Musical note - At no time	10
11	Incorrupt - Toward - Last	11
12	Royal Air Squadron - Intrusive - American soldier	12
13	User interface - Replica - Large town	13
14	Federal Kidnapping Act - Rested - Position - Myself	14
15	Knickknack - Kissed	15

	DOWN	
1	Exists - Scum	1
2	Late - Inside - Poem	2
3	Variety meat - Argon	3
4	Furious - Clothes	4
5	Collected - Lazy	5
6	Paradise - Postscript - Silk	6
7	Simple red fruit - Denial	7
8	Burlesque	8
9	International Solar Energy Society - Celebrities	9
10	Rowboat - Letter of credit - Image	10

Puzzle number : 15

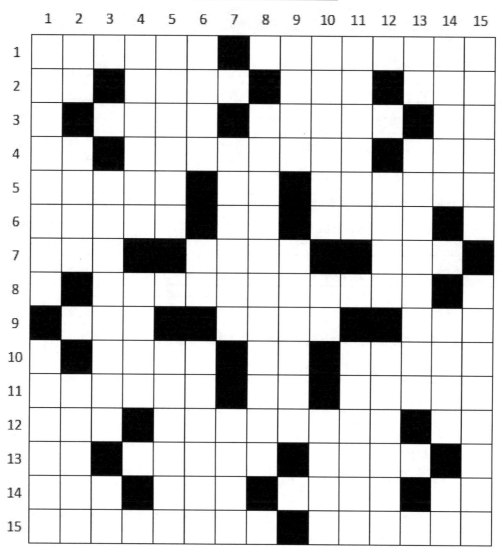

ACROSS

1	Cart - Treatment	1
2	Limit - Container - Helmet - Master of Arts	2
3	Delirium tremens - Disagree - Border	3
4	Regurgitate - Sprinkling - Myself	4
5	Tilt - Neon - Mischievous	5
6	Probability - Musical note - Pair	6
7	Poem - Chieftain - Hinge on	7
8	Furnace	8
9	Shrew - In the front - Promise	9
10	Mindful - Attorney - Again	10
11	Cosmic - Information technology - Negative	11
12	International League - Acknowledged - Twosome	12
13	Start over - Notes - Fashionable	13
14	General practitioner - Blockades - Nonexistent - Swallowed	14
15	Mental pressure - Niches	15

DOWN

1	Decrease - Engravings	1
2	Afterward - Absent without leave - Platinum	2
3	Certificate of deposit - Wasteful	3
4	Paradise - Cone	4
5	Drunk - Wears away	5
6	Homo sapiens - Provided that - Fashions	6
7	Touch something - Electronic	7
8	Numbered again	8
9	Depart - Of Danish descent	9
10	Mart - Radium - Tart	10
11	Surmised - Bud	11

Puzzle number : 16

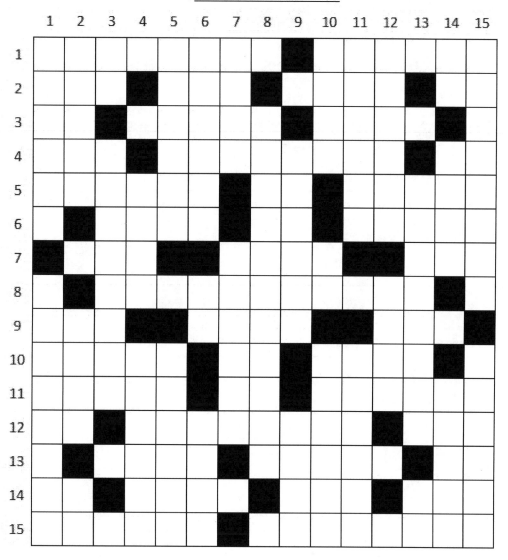

ACROSS

1	Brown rice - South American beasts of burden	1
2	Old - Excessively orderly	2
3	Worshipper - Draw around	3
4	Crimson - Sour - Eggs	4
5	Elliptic - Sitting - American stock exchange	5
6	Created - Refurbish - Sooner than	6
7	Departure - Fascinated	7
8	In the direction of - Assessment - Blockade - Venture capital	8
9	Poetic - Melodramatic	9
10	Amphetamine - Happiness - Country	10
11	Region - Cut back - Junk mail	11
12	Average - Reliable - Age	12
13	Loincloth - Sordid	13
14	Forearm - Sterilize	14
15	Chaotic situation - Walk	15

DOWN

1	Performer - Stupid person	1
2	Night before - Snares	2
3	Proverb - Great work of music	3
4	Young man - Slackened - Regret	4
5	In the past - Poisonous - Communicate	5
6	Untamed - Hound	6
7	Good manners - Lengthen - Alcoholics Anonymous	7
8	Traditions - Beneficiaries	8
9	Los Angeles - Murky - Wonders	9
10	Vaccine - Eject with force	10
11	Brandy - Commodities - Damage	11

Puzzle number : 17

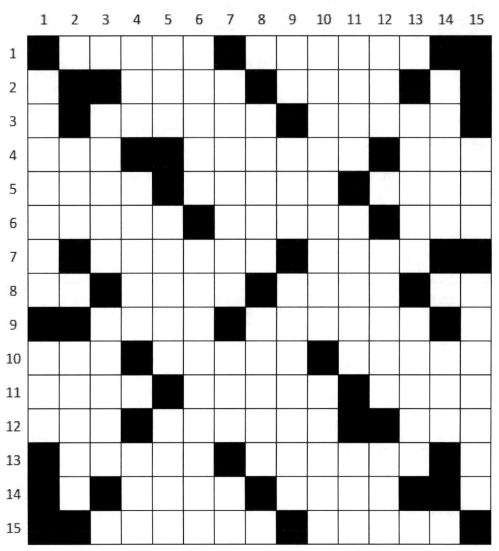

ACROSS

1	Glacier - Type	1
2	Spoken - Concern	2
3	Perfume - Simple red fruit	3
4	Chopper - Waste - Small truck	4
5	Heredity - Decrease - Scrape up	5
6	Sooner than - Bowl - Lustrous chemical element	6
7	Long journey - Formula	7
8	Actinium - Region - Cruised - Advertisement	8
9	Antagonistic - Unattractive	9
10	Reference mark - Accustom - Eggs	10
11	Later - Improper - Scent	11
12	Run into - Prodded - Female sheep	12
13	Agree - Black	13
14	Empower - Statistics	14
15	Copycat - Candid	15

DOWN

1	Period of existence - Afraid	1
2	Brush - Canon	2
3	Principle - Distinctive smell	3
4	Temporary bed - Plunder - Woman	4
5	Periods - Cap - Mister	5
6	Curator - Consumers	6
7	Aluminum - Existed - Senseless	7
8	Ungulate - Accomplish	8
9	Analog - Universal Product Code - Carry out	9
10	Brave - Mistress	10
11	Generation - Gnome - Point in time	11

12	Mesh - Push away - Bachelors of Arts	12
13	Elliptic - Sing	13
14	Alias - Articulate	14
15	Covered - Exist	15

Puzzle number : 18

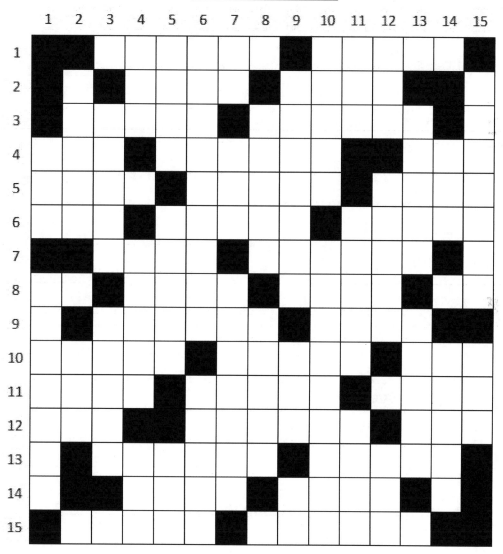

ACROSS

1	Mongrels - Pointed	1
2	Time - Begin	2
3	Lithium - Incantation - Extend	3
4	In contact - Card - Employment - Selenium	4
5	Testifier - Steep	5
6	Exist - Current - Seed of fruit	6
7	Harden - Radium - Genuine	7
8	Foolishness	8
9	Bench - Operating system - Organization for African Unity	9
10	Point - Get rid of - Sodium	10
11	Lessen - Flask	11
12	Doctor - Amazement - Bit error rate test - Aluminum	12
13	Accustomed - Cartilage - Titanium	13
14	Barbaric - Clubfoot	14
15	Stowed - Watch	15

DOWN

1	Tune - Upsets	1
2	Excrement - Drain	2
3	Los Angeles - Spectacle - Football club	3
4	Brief period of time - Mad person	4
5	Inflammations - Command to list computer files - Knowledgeable	5
6	Hymn - Cat	6
7	Accustom - Boor - In the Common Era	7
8	Become older - Clothing - Offer	8
9	Corporate Identity - Personal digital assistants - Anathema	9
10	Harm - List from which to choose	10
11	Originator - Negative - Media	11

12	Absolute - Groundnut	12
13	Lawful Evil - Different - Press agent	13
14	Catalysts - Coming after	14
15	Hidden - Gape	15

Puzzle number : 19

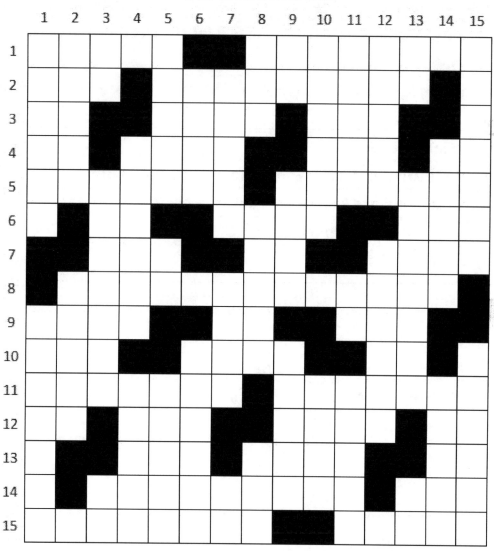

ACROSS

1	Eulogies - Healer	1
2	Marvelously - Brew	2
3	Mountain - Ache - While	3
4	Reach Out - Period - Metallic money - Titanium	4
5	Perform - Wrapped	5
6	Society for Ecological Restoration - Shucks - Information Technology	6
7	Favorite - Spiritual symbol in Indian religions - Palestinian Organization	7
8	Distribution	8
9	Integrated Applications Promotion - Silicon - Bargain	9
10	Nickel - Abandon - Clever	10
11	Protozoan - Builder	11
12	Indefinite article - Bash - Eggs - News International	12
13	Market Intelligence - Poems - Deutsche Mark	13
14	Basque Movement - United	14
15	Dig into task - Agrarian	15

DOWN

1	Captivate - Penetrated	1
2	Great work of writing - Combine	2
3	Iron Maiden - Deteriorating - Aluminum	3
4	Round trip - Surface mails	4
5	Shopping center - Record album - Abscond	5
6	Buccaneer - Zero	6
7	Health Canada - Personalities - Escapade	7
8	Stupid person - Entertain - Stimulant	8
9	Fortified - Trip in a vehicle - Sodium	9
10	Feline - Wears away	10
11	Nonbeliever - Prime Minister - Alter	11

Puzzle number : 20

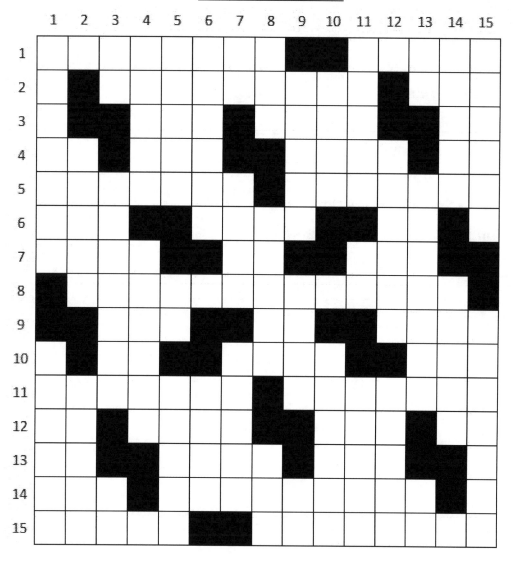

ACROSS

1	Absent - Netted material	1
2	International system of units - Mimic - Violent storm - Interjection	2
3	Abiogenesis - Repetitive strain injury - Beer	3
4	League of Nations - Dotage - Scrooge	4
5	Champion - Contemplate - Likeness	5
6	Mother - Passport - Classics - Mythical city of Brittany	6
7	Reflector - Feebleness	7
8	Winged - Heed	8
9	Blemish - Adviser	9
10	Command to list computer files - Frozen water - Ahem - Genius	10
11	Thank you - Spoken - Bash	11
12	Arduous - Game of chance - Basque organization	12
13	Crazy - Sooner than - Unbroken	13
14	Aluminum - Food pyramids - Handcuff - Selenium	14
15	Paradise - Choke	15

DOWN

1	Lunch meat - Beggar	1
2	Goldenweed - Bristly	2
3	Injection - Crimson	3
4	Augment - Oregon Athabasca language	4
5	Composition - Bicycle	5
6	Meadow - Buccaneer - Far out	6
7	Asian country - Run commands - Overweight	7
8	Student - In this place	8
9	Be in unison - In contact - Door	9
10	California Academy of Sciences - Raucous - Retract	10
11	Thrown out - Volcano in Sicily	11

Puzzle number : 21

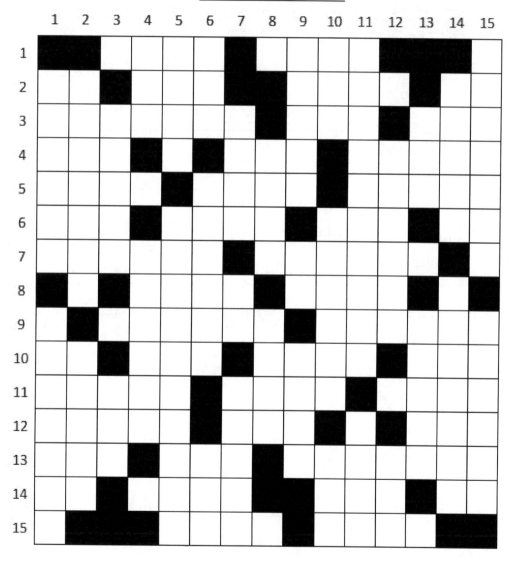

Puzzle number: 22

	ACROSS	
1	Grime - Container	1
2	Venereal disease - Cardinal - Corrosion - Master of ceremony	2
3	African vegetable - Offspring - Sweet	3
4	Agrarian - Personality - In the past	4
5	Demon - Volcano matter - Recommended daily allowances	5
6	Olive drab - Frozen water - List to choose from - Swallowed	6
7	Unctuous - Fascinate	7
8	Tiny particle - Harbinger	8
9	Election - Espousal	9
10	Hail Mary - Ceremony - Ruminant food - Epicene	10
11	David - Quote - Quitter	11
12	Maturity - Homo sapiens - Attachment	12
13	Jagged - Interweave - Place	13
14	South Sudan - Eggs - Administrator - Tantalum	14
15	Stride - Cultivated	15

	DOWN	
1	Delight - Agitator	1
2	Member of Celtic high class - Damages	2
3	Vessel - Crowbar	3
4	Beast - Decay	4
5	Copy machine - Concrete	5
6	Intensive care unit - Sexy - Faucet	6
7	Push away - Millimeter - Period	7
8	Corrupt - Letter of Greek alphabet	8
9	Inlet - Either - Come in	9
10	Age - Feeble - Chopper	10
11	Used - Lacking knowledge	11

12	Basque organization - Coronet	12
13	Signora - Disc operating system	13
14	A million tons - Cap	14
15	Nearby - Surveillance	15

Puzzle number : 22

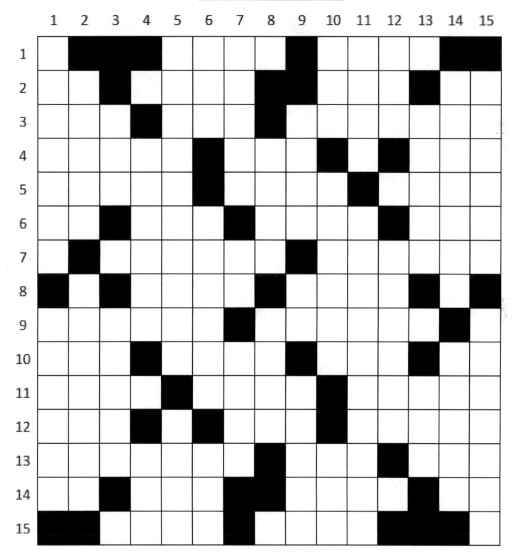

ACROSS

1	Culminations - Prophecy	1
2	General Manager - Swallowed - Recreation - Prime Minister	2
3	Chromium - Celebrity - Glut	3
4	United States - Carved - Tin	4
5	Talk - Acknowledge - Island	5
6	Designated hitter - Migrant - Term	6
7	Passes away - British college - Place	7
8	Confinement	8
9	In the past - Ruler - End piece	9
10	Refuge - Brand - Knock out	10
11	Region - Hotbed - Type	11
12	Genetic engineering - Record - Ahead of	12
13	Powder - Deity - Musical note	13
14	Commercial - Accessible surface area - Civilian - Employment	14
15	Fortified - Discovered	15

DOWN

1	Take over - Puzzle	1
2	Iranian - Bacterium - District Attorney	2
3	In the direction of - Fatty	3
4	Pretty - Plaid	4
5	Competition - Mister - Lack of difficulty	5
6	State of the USA - Small truck - Happy	6
7	Wool - Electronic	7
8	Every now and then	8
9	Calm - Persuade	9
10	Spoken - Clothe - Rewrite	10
11	Plexus - Mesh - Cluster of trees	11

12	Inaction - Benefit	12
13	Gathering - Musical note	13
14	Record album - Black - Wake	14
15	Famous - Jaundice	15

Puzzle number : 23

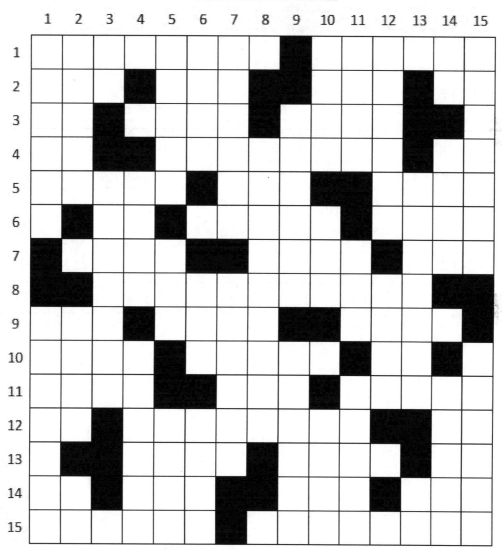

Puzzle number: 24

ACROSS

1	Explodes - Confined	1
2	Record album - Color - Personality - Not cooked	2
3	Fussy - Brush - Titanium	3
4	European Commission - Scope - Mythical city in Brittany	4
5	Denial - Request - Throb	5
6	Article - Folders - Information retrieval	6
7	Escape - Cruised - Particular	7
8	Right	8
9	Auditory - Refine - Science fictions	9
10	Einsteinium - Dovetail - Nose of a bird	10
11	Pieces of land - Gases of the atmosphere - Island	11
12	Tantalum - Thief - Record album	12
13	Fashionable - Animal shelter - Stupid person	13
14	Neither - Frozen water - Life - Greeting	14
15	Melody - Tart	15

DOWN

1	Plague - Southern Europeans	1
2	Situated above - Whale - Paddled boat	2
3	Seducer - Terminal Reality	3
4	Hello - Increase	4
5	Masculine - Recreation - Slaughtered	5
6	Chair - As long as - Automobile Racing club of America	6
7	Sex instinct - Acquired	7
8	Broadcast	8
9	Place to hide - Loved intensely	9
10	Old - Box - Variable star that suddenly erupts	10
11	Traditional customs - Cavity - Long story	11

12	Nuclear weapon - Galley	12
13	Erbium - Sign of the zodiac	13
14	Lecher - Descent - Hello	14
15	Curly - Unbelieving	15

Puzzle number : 24

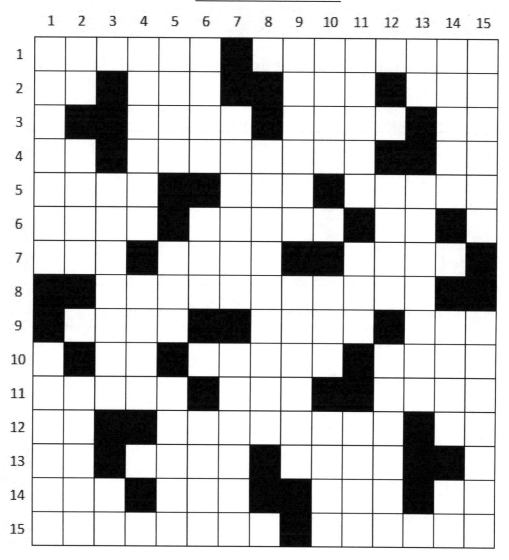

ACROSS

1	Gloomy - Father
2	Notables - Child
3	Haphazard - Airplane
4	Rotten - Disembark - United Press International
5	The same - Station - Marks on a ballot
6	Insignificant - Esteemed - Poem
7	Worshipper - Body wave
8	United States - Individual retirement account
9	Consumer - Current
10	Local Area Network - Antitoxin - Juveniles
11	Commercials - Mineral rocks - Discharge
12	Scarf - Simple red fruit - For each
13	Regulation - Sex instinct
14	Copycat - Surrender
15	Chopped - Leases

DOWN

1	Tenfold - Workshop
2	Unilateral Declaration of Independence - Domicile
3	Rink - Backtrack
4	An age - Method - Slack
5	Either - Flowers with a prickly stem - Fasten
6	Treatment - Infrequent - Due
7	Comfort - Computer memory
8	Enlightened - Pastoral
9	Crystallize - Purgative
10	Roadway - Long story - Restrained
11	Border on - Cap - Intact dilation and extraction

Puzzle number : 25

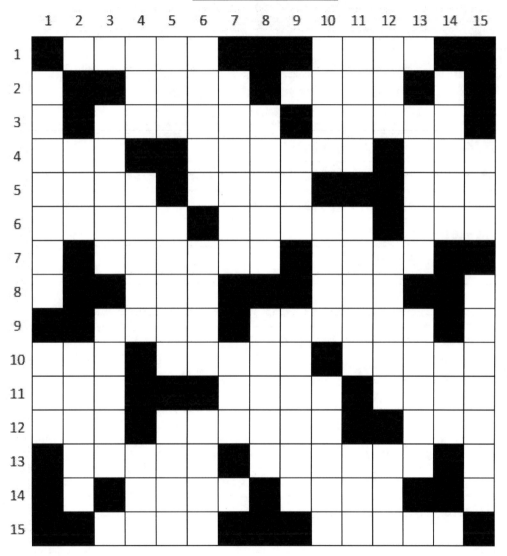

ACROSS

1	Absence without leave - Advanced	1
2	Black - So be it	2
3	Digger - Sex symbol	3
4	Notebook - Mariner - Emulate	4
5	Personality - Essence - Imitator	5
6	Materialize - Harmonize - Restraints made of metal	6
7	Alone - Copyreader	7
8	Fragment - Reflection electron microscope	8
9	Harsh - Arrival Manager for air trafic control	9
10	Meaning - Personal stereos - Intellectual properties	10
11	Evidence - Dark - Affability	11
12	Independent Order of Foresters - Fabricated - Flask	12
13	Eccentricity - Scanning system	13
14	Imitated - Vessel	14
15	Comedian - Stitched	15

DOWN

1	Attach - Declare null and void	1
2	Illustration - Electric Light Orchestra	2
3	Icons - Extinguish	3
4	Conquered - Overweight - Fodder	4
5	Dignitaries - Full of life - Initial public offering	5
6	Carillon - Carry - Cinder	6
7	Intensive care unit - Vulgar	7
8	Unattended - Ballad	8
9	Cherished - Single	9
10	Friendship - Grandson of Cain - United Students against Sweatshops	10
11	Fowl - Elements - Mannerism	11

12	Italian oil giant - Scent - Recent	12
13	Flavor - Martial artist	13
14	Enclosure - Gem	14
15	Supervise - Master	15

Puzzle number : 26

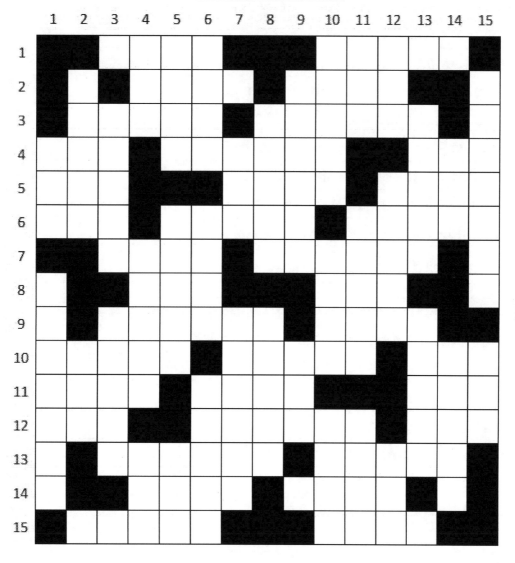

	ACROSS	
1	Budget deficit - Beginnings	1
2	Personality - Oil Pollution Act - Bull	2
3	Department of Education - Wobble - Album of Janno Gibbs	3
4	America - Appropriate - Puerto Rico	4
5	Celebrities - Interjection - Distant	5
6	North America - Rewritten - Mineral	6
7	Sponsorship - Minute - Student	7
8	Unasked for	8
9	Have confidence in - Clothe - Later	9
10	Eggs - Depart suddenly - United Nations	10
11	Exhaust - Swallowed food - Consumers	11
12	Aluminum - Disabled - Air conditioner	12
13	Genuine - A crater on Mars - Neon	13
14	Pyramid - Instant messages - Cyst	14
15	Let up - Launched	15

	DOWN	
1	Hag - Potter's wheel	1
2	Excrete - Sinful	2
3	Proceed - Crotched	3
4	Drizzly - Bring out	4
5	Achievers - South Soudan - Ferrous metal	5
6	Sword - Poem - Enclosed	6
7	Narrative song - Resident	7
8	Throw out	8
9	Prophetic - Depression	9
10	Arcade - Italian gas company - Blank verse	10
11	Lake - Tantalum - United Cricket Board of South Africa	11

12	Anxiousness - Type	12
13	Ruined - Week	13
14	Parachute regiment - Queen	14
15	Insulted - Go up	15

Puzzle number : 27

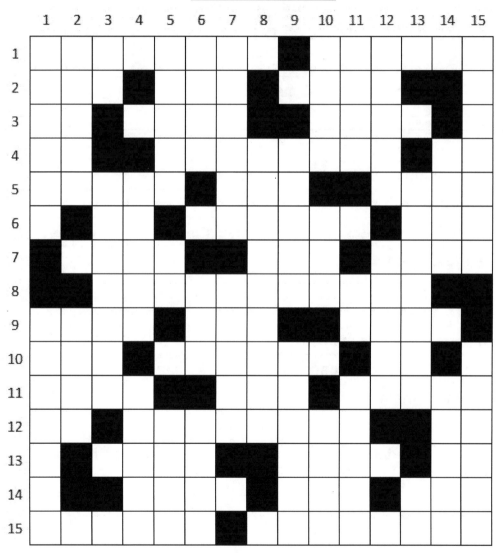

	ACROSS	
1	Evergreen - Changeable	1
2	Later - Basque separatists - For each	2
3	Easy thing to accomplish - Girls - Gamblers Anonymous	3
4	Information Technology - Chasm - Islamic State	4
5	Netted material - Pick up - Expound	5
6	American parrot - Rocks - Intellectual property	6
7	Person of courage - Mineral - Conspiracy	7
8	Arrivals	8
9	Harbinger - In the past - Commotion	9
10	Erbium - Develop - Level of effort	10
11	Mauve - Web - Suspect	11
12	Aryan Nations - Difficulty - Air conditioner	12
13	Isomeric transition - Peace - Indignation	13
14	National Rifle Association - Incentive stock option - Auction	14
15	Headgear - Shooting star	15

	DOWN	
1	Temptress - Level lands	1
2	Cut an object - Commence	2
3	Confetti - Amplitude modulation	3
4	Moving to music - Great work of music	4
5	Excessively orderly - Promissory note - Person in authority	5
6	Cord - Foot part - Different	6
7	Shopping center - Fascinate	7
8	Revered	8
9	Countermand - Anxiousness	9
10	Bachelor - Gesture of the head - Compress	10
11	Stories - Peace Corps - Strong and healthy	11

Puzzle number : 28

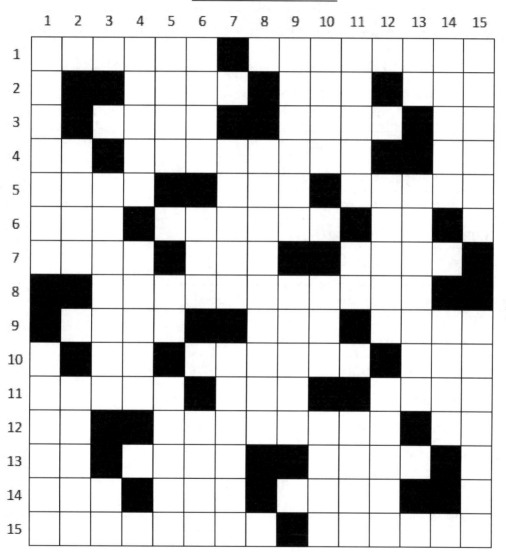

Puzzle number: 29

	ACROSS	
1	Network - Caprice	1
2	Abominable snowman - Computer memory	2
3	Pile - Untamed	3
4	Runner - Sarcasm - In the past	4
5	Time period in history - Injection - Official forbiddance	5
6	Mister - Native metal - Memorial	6
7	Hunting expedition - Endemic	7
8	Violent storm - Decoration	8
9	Inhibit from action - Peaceable	9
10	Omit - Overweight - Mineral	10
11	Pastor - Overcrowd - Feline	11
12	Character - Hateful feeling - Landscape	12
13	Long shirt - Dissensions	13
14	Illegal action - Ridicule	14
15	Urinate - Hexagonal	15

	DOWN	
1	Emphasis - Calm	1
2	Operatic solo - Limb	2
3	Muffler - Dirt	3
4	Unit of computer memory - Old - Consume	4
5	Corrosion - Speak - Cut	5
6	And so on - Banish - Backbone	6
7	Bathing suit - Sexy	7
8	Scarlet - Tiny piece	8
9	Instigate - Happenings	9
10	Building for sports - Come into being - Have an obligation	10
11	Bloody - Old English cider apple - Circular motion	11

Puzzle number : 29

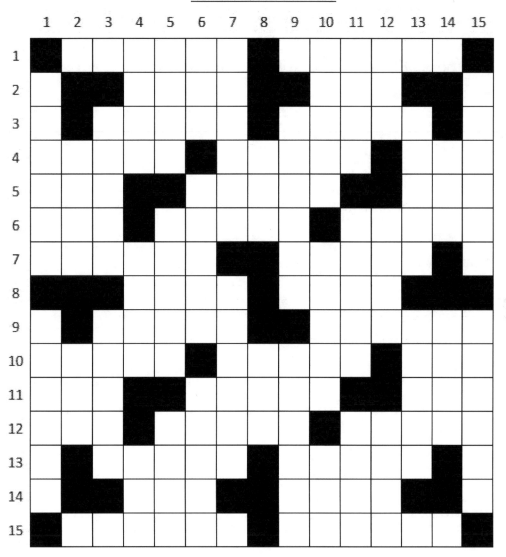

	ACROSS	
1	Executed - Pavilion	1
2	An age - Russian river	2
3	Moisten - Inflamed	3
4	Mineral - Associate - Novice	4
5	Friend - Away from - Because	5
6	Pore - Foe - Poem	6
7	Mournful - Impeded	7
8	Glowing - Cipher	8
9	Hunting expedition - Broker	9
10	University of East London - Come in - Depart	10
11	Blood brother - Donor - Young man	11
12	Musical - Boot - Result	12
13	Distinctive smell - Sliced	13
14	Dry - Container	14
15	Go back on a promise - Honest	15

	DOWN	
1	Surgery - Charter	1
2	Betrayer - Cloudy	2
3	Beneath - Vegetable life	3
4	Perceive with eyes - Meter - Modern Persia	4
5	Beverage - Previously - Center	5
6	Injection - Employing - Russian jet	6
7	Prudently - Outburst	7
8	Disagreement - Night before	8
9	Pageant - Loving touch	9
10	Indigenous people of Taiwan - Hold up - Lasso	10
11	Swallow - Sing - Duplicate	11

Puzzle number : 30

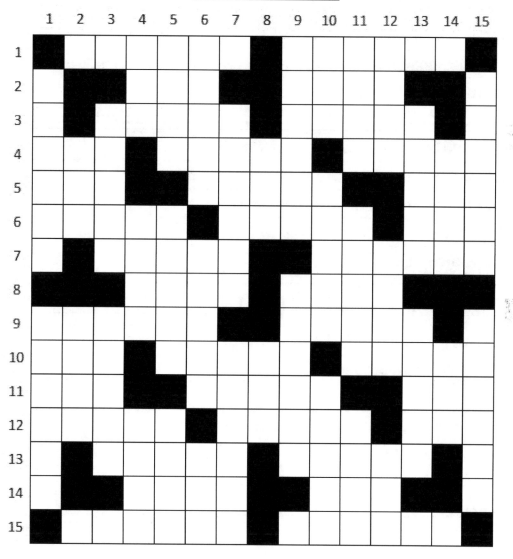

ACROSS

1	Groups - Give new life	1
2	Allow - Furnace	2
3	Mixture - Journey by vehicle	3
4	Ridicule - Digits - Become older	4
5	Upon - Rascal - Harbinger	5
6	Disguises - Individual retirement account - Injection	6
7	Jester - Mellowed	7
8	List to choose from - Image	8
9	Word of mouth - Abandoned	9
10	Line up - Comprehension - An internet based insurance company	10
11	Movable barrier - Country - Junk mail	11
12	Canon - Aimless - Electronic resource management	12
13	Freezing - Spectator	13
14	Dry - Mineral	14
15	Allowance - Leaf	15

DOWN

1	Convoy - Typeface	1
2	Partner - Local area network	2
3	Inanimate - Chatter	3
4	Everyone - Feathers - Oregon Research Institute	4
5	Measure equal to one million - Authoritarian - Mistake	5
6	Unadorned - United Nations Organization - Shovel	6
7	Schemer	7
8	Tavern - Helmet	8
9	Diverges	9
10	Strength - Frozen water - Impede	10
11	Arab leaders - Ballad - Mangle	11

Puzzle number : 31

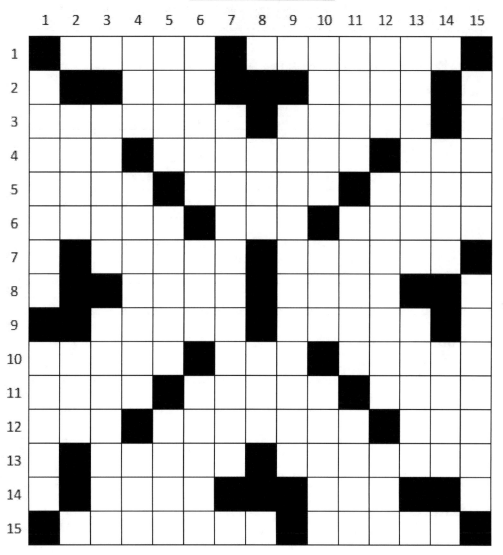

	ACROSS	
1	Advisory - Collapse	1
2	Observe - Transatlantic Economic Partnership	2
3	Prophet swallowed by a sea creature - Brightly	3
4	Gametes - Aberration - Computer memory	4
5	Tender - Hurt - Menial worker	5
6	Injection - Open Technology Institute - Chairs	6
7	Troubleshoot - Help	7
8	Flower with a prickly stem - Accomplished	8
9	Couch - Embankment	9
10	Dramatize - International Labor Organization - Obstruct	10
11	Agenda - Blue - Boutique	11
12	Sooner than - Interpreter - European Institute of Education	12
13	Straddle - Weaklings	13
14	In the past - And not	14
15	Compact disk computer memory - Knot	15

	DOWN	
1	Clay house - Through which	1
2	Small truck - Additional	2
3	Ignorant - Cherishes	3
4	Also - Retired - Asphalt	4
5	Italian volcano - Overhead - Consequently	5
6	Inclines - America - Principle	6
7	Standardized	7
8	Floor covering - Carry	8
9	Checkered	9
10	Angular - Hail Mary - Collar	10
11	Tax - Short form of Stephen - Extraterritorial Office of Exchange	11

Puzzle number : 32

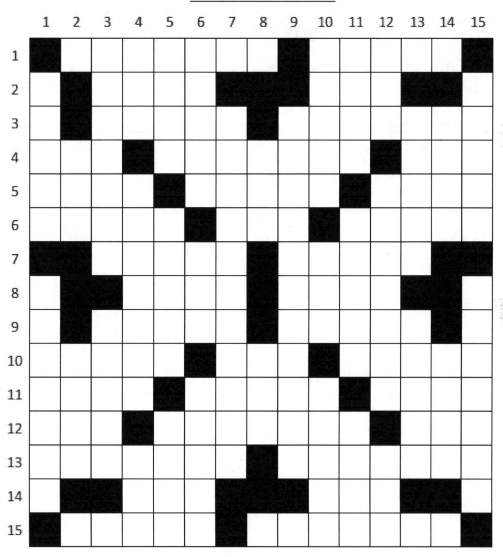

	ACROSS	
1	Friend - Governable	1
2	Latchkey - Anger	2
3	Wear away - Assemble	3
4	Cavity - Committee - Marked	4
5	International phonetic alphabets - Limousine - Ballot	5
6	Catalog - Upon - Access	6
7	Edition - Engine City Technical Institute - Eye	7
8	Stimulates	8
9	Bathing suit - A river in Ghana - Because	9
10	Delivered - Brightest star in the constellation of Lyra - Hail	10
11	Resting - Hill - Detect	11
12	For each - Manservant - Sesame Street Live	12
13	Flavorful - Accustom	13
14	Employ - Ointment	14
15	Hostel - Marry	15

	DOWN	
1	Tower - Gawked	1
2	Personal stereo - Infant	2
3	Leaf - Waterways	3
4	According to - Polished - Bar	4
5	Later - Cape Verde Islands - Clamp	5
6	Forced - Silky - Runner	6
7	Boringly	7
8	Fuss - The night before	8
9	Remorseless	9
10	Fabric - International Training Centre for Authorities And Leaders - Recent	10
11	Coat - Israeli submachine gun - Unmixed	11

Puzzle number : 33

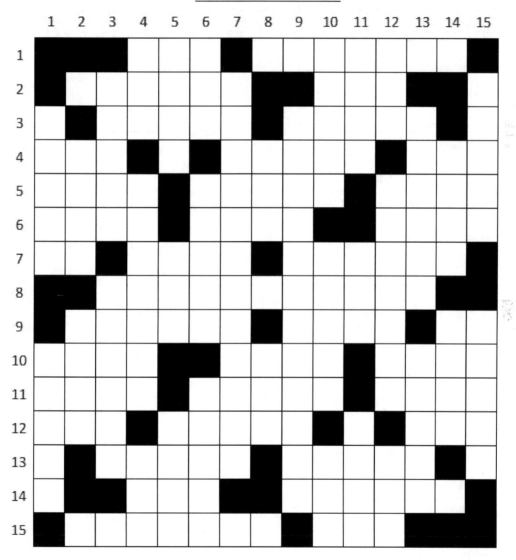

Puzzle number: 34

	ACROSS	
1	Arsonist - Grandstander	1
2	Intoxicating drink - Caprice	2
3	Portrait - Ridge	3
4	An atom which has lost an electron - Endemic - Seize	4
5	Abrade - Categories - Gossamer	5
6	Person who is famous - Distribute - Driving while intoxicated	6
7	Drunk - University of Prince Edward Island - Unix command to list files	7
8	Abolishes	8
9	Elevated railroad - A town in Japan - Elucidate	9
10	Vessel - Contradictory - Orient	10
11	Maintain - A municipality in Slovenia - Eat formally	11
12	Father - Dwarf planet - Guided	12
13	Distinctive smell - Full rounds of the seasons	13
14	Beast - Compete	14
15	Outlaw - Irritable	15

	DOWN	
1	Bustles - Avoid	1
2	Fodders - Volcano matter	2
3	Avaricious - Automobile	3
4	Pack forcibly - Typesetter - Banter	4
5	Vivacity - National Virtual Observatory - Trunk	5
6	Created - Outrigger - Male human	6
7	Linguistic	7
8	Mimic - Frozen water	8
9	Neurotic	9
10	Gutsiness - Leaf - Steward	10
11	Crooked - Expected tail loss - Southern Alberta Institute of Technology	11

Puzzle number : 34

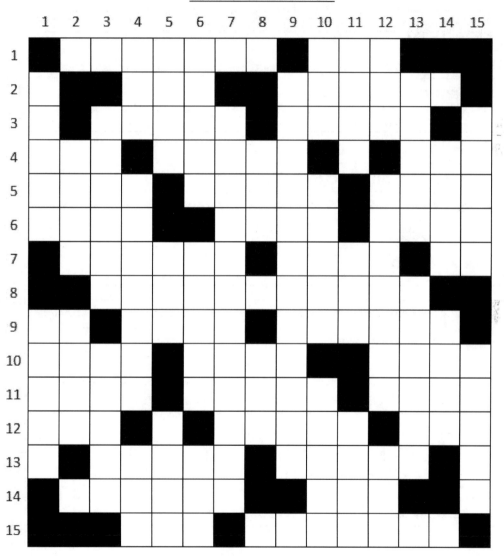

Puzzle number: 35

	ACROSS	
1	Bovine animals - Upright	1
2	Native metal - Not cooked	2
3	New England - Drools - University of Maine	3
4	Trick - Bristly	4
5	Carved - Tantalum - Accents	5
6	Stupid person - Tomboys - Lively	6
7	Coequal - Surveillance	7
8	Trucks - Nymph	8
9	Candidness - Mouthful of food	9
10	Start over - Minerals - Change	10
11	Shame - Years ago - Glacier	11
12	Committed immoral action - Very light brown	12
13	Tetanus toxoid - Reveries - Domain name	13
14	Wreath - Octet	14
15	Niches - Chronicles	15

	DOWN	
1	Disdain - List of names	1
2	Chopper - Foot part - Rewrite	2
3	Titanium - Units of area - Loud noise - Air conditioner	3
4	Technical data sheet - Cough drop	4
5	Plumbiferous - Moment - Refreshments	5
6	Top covering - Drunkard - Coloring agents	6
7	Psyche - Anguish - Expire	7
8	Elector - Maritime	8
9	Period of time - Commissioners - In the Christian Era	9
10	Informers - Wait - Individual retirement account	10
11	Chirp - Artificial intelligence - Acuity	11

12	Avoidable - Illegal action	12
13	Compact disc - Whole - Gulley - General Assembly	13
14	Consumer - Beverage - Doctor of Humane Letters	14
15	Most handicapped - Snakes	15

Puzzle number :35

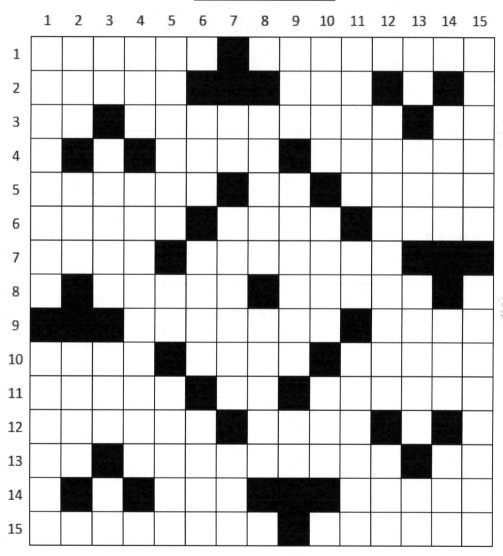

	ACROSS	
1	Beach Boys song - Counterfeit	1
2	Tear - Television network in Aragon	2
3	University of Dallas - Called on again - New England	3
4	Erase - Afterward	4
5	Apart - Electronvolt - Reeking	5
6	Lightweight - Harbinger - Rising star	6
7	Drenched - Melon	7
8	Taken for granted - Mentors	8
9	Marijuana - Fortification	9
10	Absences without leave - Quote - Chieftain	10
11	Shooting star - General Electric - Country	11
12	Roadway - Brewed	12
13	Link register - Esteemed - Molybdenum	13
14	Overhangs - California	14
15	Blotchy - Lethargy	15

	DOWN	
1	Posterior - A mess	1
2	Market - Female sheep - Knock	2
3	United Nations - Piece of property - Marriage - Virtual Observatory	3
4	Inexhaustible - Experienced	4
5	Ridge - Air conditioner - One and only	5
6	Animate - Auditory - Moved fast	6
7	United Press International - Purgative - Neon	7
8	Hoarder - Large wild cat	8
9	Fashionable - Countermand - Champion	9
10	Highest point - Friend - Piercing cut	10
11	Picturesque - Toward - Monument	11

Puzzle number : 36

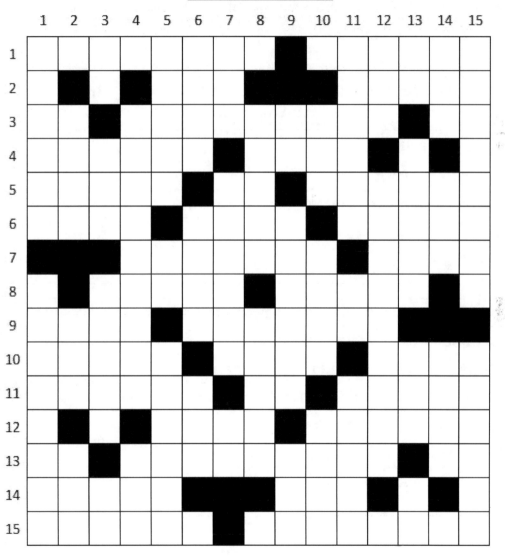

ACROSS

1	Deliberately - Speaker	1
2	Betrayer - Omit	2
3	University of Delaware - Relating to plants - Electronvolt	3
4	Insane - Automation	4
5	Auctioneer - Anxiousness	5
6	A village in Estonia - India Film Project - Envelope	6
7	Optimistic - Record sounds	7
8	Named	8
9	Multiple independently targetable reentry vehicle - Infirm	9
10	Adverse - Period in history - Pleasant Island	10
11	Serpent - Delinquent	11
12	Long shirt - Photocopy	12
13	Human resources - Immunize - Selenium	13
14	Concept - Egyptian river	14
15	Teasing - Candidates	15

DOWN

1	Extract - Triumph	1
2	Motivator - Lodge - Redundancy analysis	2
3	Conformal loop ensemble - Distal renal tubular acidosis - European Union	3
4	Communist - Small truck	4
5	Supporting - Collar - Basque movement	5
6	Provender - Restfulness - Mesopotamian city	6
7	Hero - Chief - Nickel	7
8	Announcements	8
9	Investment banking - Alarm - Cut short	9
10	Conscientious objector - Lament - Cousin of Muhammad	10
11	Lariat - Russian emperor - Intense	11

12	Entire - Structure of a dam regulating the flow of water	12
13	Titanium - Grandson of Cain - Swallow food	13
14	Poem - Apex - Chromosomes	14
15	Disclosed - Aquatic mammals	15

Puzzle number : 37

	ACROSS	
1	Cunning - Derived	1
2	Tacks - Decay	2
3	Come about - Most disorderly - Toward	3
4	Exposed to public attention - French poet	4
5	Authentic - Overview	5
6	Magnate - Merry	6
7	Article - Worker	7
8	Service provider - Performed	8
9	Rose above - Banned	9
10	Reason - American sign language - Annoyances	10
11	Commotion - Landscape	11
12	List to choose from - Corridor	12
13	Manganese - Preaching - South Africa	13
14	Metallic money - Puritan	14
15	Indemnify - Staff	15

	DOWN	
1	Skeletal - Mime	1
2	Pack forcibly - Decompose - Launch	2
3	Titanium -Initial graphics exchange specification -Talk Radio Network	3
4	Virus - Enterprising	4
5	Surface mail - Gametes - European Central Bank	5
6	Container - Reduce - Rapid Offensive Unit	6
7	Individual retirement account - Mimic - Chief	7
8	Conferences	8
9	Framework - Minerals - Tin	9
10	Caviar - Scrape - Lawful interception	10
11	Enterprise test software - Lyricist - One hundredth of the Cambodian riel	11

12	Conjectural - Grade point average	12
13	Vessel - Challenge - Research and development	13
14	Applied General Certificate of Education - Son - Mister	14
15	Indirect course - Body	15

Puzzle number : 38

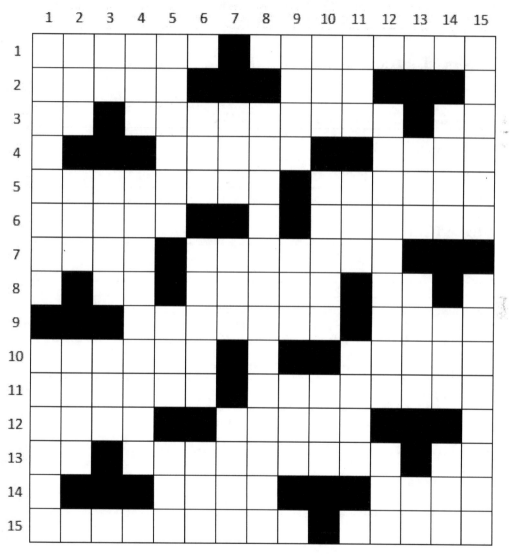

Puzzle number: 39

	ACROSS	
1	Lantern - Harvest of vegetable	1
2	Pause - Emulated	2
3	Finished	3
4	Assembly - Male humans - Bring out	4
5	American Basketball Association - Portions of drug - Promise	5
6	Performance - Rub out - Whale	6
7	Gateway - Lifeless	7
8	Haywire - Quote	8
9	Violin - Fountain	9
10	Principle of behavior - Come in - Snare	10
11	Canon - Grains - Whole	11
12	Planet - Label - Queen	12
13	Viciously	13
14	Police officer - Ensemble	14
15	Nervous - Standard Oil company	15

	DOWN	
1	Harness - Muscular	1
2	Assist in doing wrong - United Nations Organisation	2
3	Cigar - Warning	3
4	Absence without leave - Skeleton - Loan	4
5	Abundant - Americana Music Association - Burden	5
6	Private investigators - Designates - Weep	6
7	Cancer - Energetic	7
8	Plateau - Blue	8
9	Oblivious - Borders	9
10	Certified public accountant - Elders - Accuse	10
11	Mesh - Basque separatists - Repetitive stress injuries	11

Puzzle number : 39

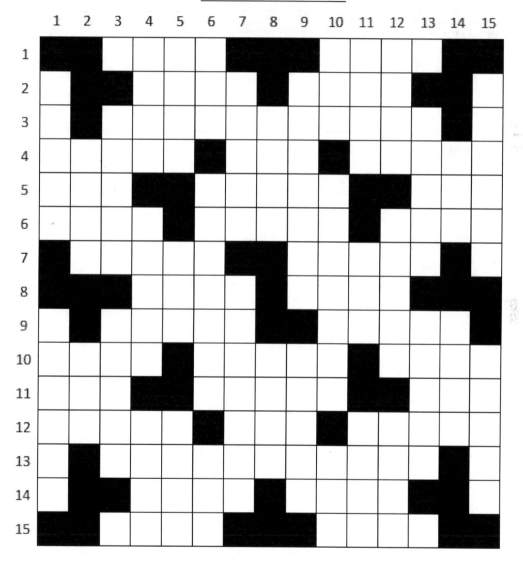

	ACROSS	
1	Baby cow - International phonetic alphabets	1
2	Soda pop - Hallucinogen	2
3	Infancy	3
4	Queen - International Labor Organization - Rub out	4
5	Atom which has lost an electron - Viable - French air transport company	5
6	Commonality - Small insects - Insatiable	6
7	Reconstituted - Escapade	7
8	Very small - Story	8
9	Violin - Great work of music	9
10	Sponsorship - Silly - Flanking	10
11	Ruler - Acceptances - Pole	11
12	Common - Darkish - Overweight	12
13	Replenished	13
14	Resting - Shank	14
15	Help in wrongdoing - Electroconvulsive shock therapies	15

	DOWN	
1	Raw - Eject with force	1
2	America On Line - Eons	2
3	Central - Imbroglio	3
4	Blemishes - Chards - People of the Middle East	4
5	A settlement in Slovenia - Rest on one's behind - Protuberance	5
6	Virus - Pleasant thing - Longtimer	6
7	Senility - Started over	7
8	Disembarked - Ancient Egyptian goddess	8
9	Overhead - Patrimonial	9
10	Intensive care unit - Breakouts - Mineral	10
11	Heap - Intoxicating drink - Burden	11

Puzzle number : 40

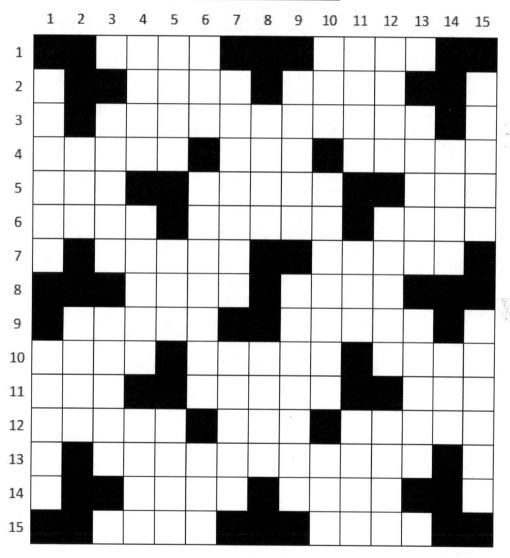

Puzzle number: 41

	ACROSS	
1	Sleepy - Ascetic	1
2	Joyful hymn - Swamp - Department of Health	2
3	Avalanche	3
4	Yawning - Villain	4
5	Carved - City in Indonesia - Brand of powdered milks	5
6	Eggs - Unspoken - Microsoft Disk Operating System	6
7	A city in Austria - Typeface	7
8	Peacemaker	8
9	A Brazilian municipality in Rondonia - Injection	9
10	Onward - Adam's son - Cover	10
11	Valley - Electroconvulsive shock therapies - Narrates	11
12	Entities - Different - Destroyer escort	12
13	Retain	13
14	South America - Amphitheater - Entice	14
15	Voltaic - Generator	15

	DOWN	
1	District of Columbia - Boutiques - Extract	1
2	Informer - The night before - Local area network - Aluminum	2
3	Either - Distort - Rancid	3
4	Female human - Cardinal	4
5	Smack - Prong - Stain	5
6	Statistics - Illinois - Paddle	6
7	Particulars - Material worn to slide over snow	7
8	Makes lawful	8
9	Ontology for Biomedical Investigations - French food stores - Island	9
10	Gesture of the head - Los Angeles - South Soudan	10
11	Old - Small insect - Irritable	11

Puzzle number : 41

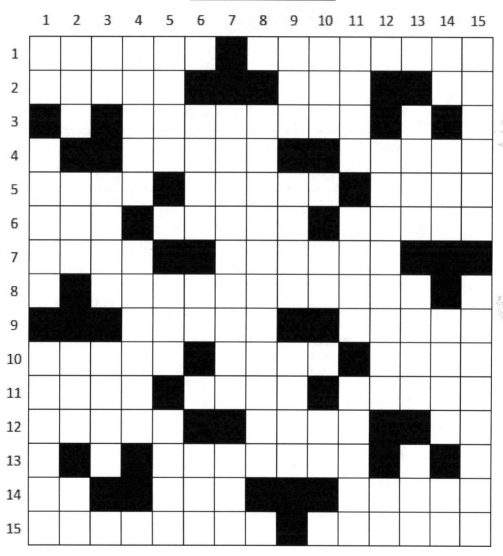

	ACROSS	
1	Approved - Image	1
2	Running back - Gases forming the atmosphere - Artificial positions	2
3	Carnivore	3
4	Confidential statement - Delete	4
5	Banned - Watershed - Market	5
6	Principle - Donor - Average	6
7	Outdated - Yearn	7
8	Hereditary	8
9	Utilizing - Celebration	9
10	List of food to choose from - Pellets - Conclusion	10
11	Lava - Cray Time Sharing System - Graduate	11
12	Information technology - Master - Felony	12
13	Diplomat	13
14	Platter - Age - In the year of Our Lord	14
15	Threefold - Betrayals	15

	DOWN	
1	Mistakes in printed matter - Most fictitious	1
2	New Brunswick - Saxophone - Furniture for sitting - Argon	2
3	Benjamin Netanyahu - Crossing - A town in Nigeria	3
4	Small intestine - In use	4
5	Sexual assault - Master of engineering - Typeface	5
6	Mister - Molybdenum - University of London	6
7	Sooner than - Enthralled - Very light brown	7
8	Necessity	8
9	Consciousness - Genialness	9
10	Point of fork - Electronvolt - America On Line	10
11	Personal stereo - Private detective - Copper penny	11

12	Impaled - Column of a building	12
13	America - Long story - Rancid	13
14	Flaming - Local area network - Total - Silver	14
15	Einsteinium - Connected - Improves	15

Puzzle number : 42

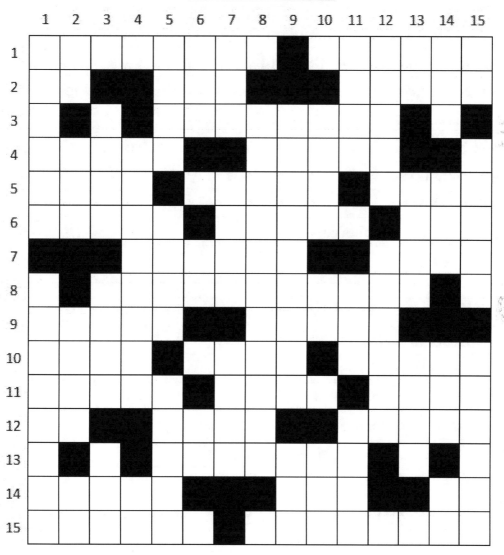

	ACROSS	
1	Whip - Without hearing	1
2	Initial exchange offering - Odyssey	2
3	Stupid - Embodiment	3
4	Apathetic - Farmer	4
5	Feline - Humped ruminant quadruped - Myanmar	5
6	Reversal - Trick - United States Air Service	6
7	Detractor - Average - Selenium	7
8	Come in - Mill town in Maryland	8
9	Master of Arts - Extrasensory perception - Outlays of food	9
10	Advanced Combat Optical Gun sight - Death rattle - Velocity	10
11	Unit of area - Accustom - Personal Mobile Electronics	11
12	Minimum effective dose - Lascivious	12
13	Dainty - Spots	13
14	Dealer in goods - Fierce	14
15	Luge - Item	15

	DOWN	
1	Backstabber - Madam	1
2	Nays - Welcome	2
3	Invulnerable - Commands	3
4	Drunkard - Go back on one's word - Chatter	4
5	High temperature - Meshes - Assistant	5
6	Classical - Duplicated	6
7	Escapist - Several	7
8	Sheik - Ghetto	8
9	Despised - Great works of music	9
10	Real estate investor - Gentry	10
11	Shucks - Intoxicating drinks - Element	11

Puzzle number : 43

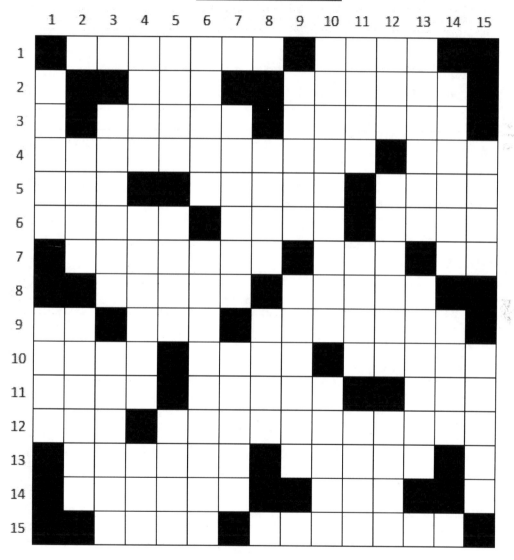

Puzzle number: 44

ACROSS

1	Chimed - Offers	1
2	Incursions - Fish of the Anguilliform order	2
3	Worth - Map	3
4	Ontario Liberal Party - Depiction	4
5	Valley - French capital - Jar	5
6	Trip in a vehicle - International phonetic alphabets - Trick	6
7	Euro News - Curdle - Beaks	7
8	Bravery - Clamor	8
9	Power wheel - Nuremberg Military Tribunals - Master of Arts	9
10	Alarm - Glacier - The same	10
11	Rearward - Flying - Truck	11
12	Patterns - Turf	12
13	Annulments - Escapist	13
14	Exist - Decimal	14
15	Advocate - Transmitted	15

DOWN

1	Monster - Impudent	1
2	Standby - Breach	2
3	Cavorted - Whirlpool	3
4	Airport reference point - Contradict - Highway	4
5	National Association of Operative Plasterers - Vivacity - EU currency	5
6	Automatic control system - Elector	6
7	Harness - Androids	7
8	Snare - Have confidence in	8
9	Ascended - Sexually assaulted	9
10	Puerto Rican street gangs - Friction matches	10
11	Market - Shave - Mentally sound	11

12	Israel's southernmost city - Genitals - Rank in martial arts	12
13	Stitch - Wasteland	13
14	Dashes - Recollection	14
15	Broker - Surrounded by	15

Puzzle number : 44

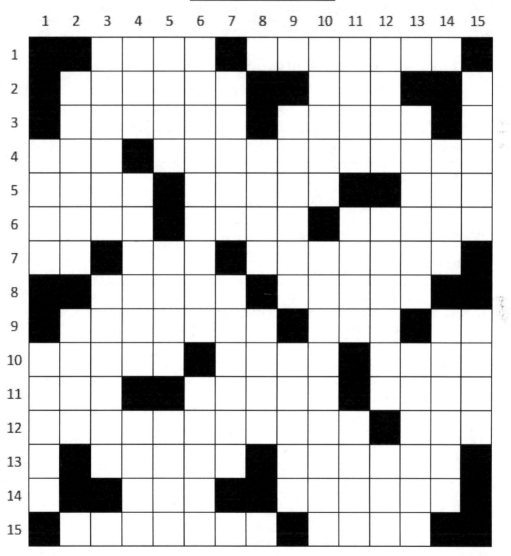

Puzzle number: 45

	ACROSS	
1	Plunderer - Provided	1
2	Electronvolt - Swallowed food - Coffee shop	2
3	Workshop - Braid - Ruler - While	3
4	Information technology - Benefactors	4
5	Conglomerate - Officer in charge - Exact duplicate	5
6	Incantation - Champion - Binal	6
7	Red Orchestra - Hostility - Repetitive visual stimulus	7
8	Aggressive woman - Songbird	8
9	Power Engineering Society - Cherry - Common Era	9
10	Emaciates - Dried - Falter	10
11	Vociferate - Xenon - Autocrat	11
12	Adversity - Radium	12
13	For example - Police officer - Swallow food - Smack	13
14	Plateau - Decided - Delaware	14
15	Dusk - Imputed	15

	DOWN	
1	Antique - Aptitude	1
2	Personification - Deflect	2
3	Montezuma's revenge - Manganese	3
4	Press agent - Intent - Rocks	4
5	Conform - Air conditioner - Rub out	5
6	Lasso - Eons - Doggone	6
7	Tellurium - Starving	7
8	Edition - Positions - Angered - Alternating current	8
9	Grapelike - Neon	9
10	Blister - Deception - Stop	10
11	Extreme fright - Scandium - Finished	11

Puzzle number : 45

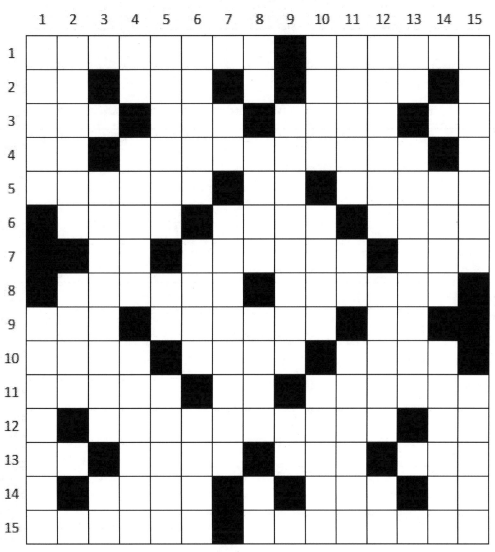

ACROSS

1	Attentive - Great personal charm	1
2	Russian emperor - Medication - While	2
3	Foreign exchange - Chunk of solid object - Ocean - Pounds per square inch	3
4	Commensurate - Calcium	4
5	People of Ethiopia - Los Angeles - Bags of water	5
6	Capture - List to choose from - Television broadcaster of Morocco	6
7	English Literary Library - Describe - University of Oregon	7
8	Change of heart - Fortifying	8
9	Doctor - Alphabetical script of Mecca - Indian revenue service	9
10	Poke at - Vivacity - Code of Canons of the Eastern Churches	10
11	Platters - Platinum - Battle	11
12	Acoustic emission - Gay	12
13	Pack forcefully - Commotion - Acts - American soldier	13
14	Einsteinium - Feline - Whole	14
15	Harshly - Catapult	15

DOWN

1	Ignite - Trims	1
2	Photograph - Make happy	2
3	Radiation therapy - Throne	3
4	Arrange - Marriage - Common Era	4
5	Decorations - District Attorney - Cedar	5
6	Snare - Plateau - Destroy	6
7	Beacon - In use	7
8	Copper - Ruler - European mountains - Belonging to me	8
9	South Africa - Relentless	9
10	Protozoan - Ireland - Abolish	10
11	Domains - Master of ceremony - Admirable	11

Puzzle number : 46

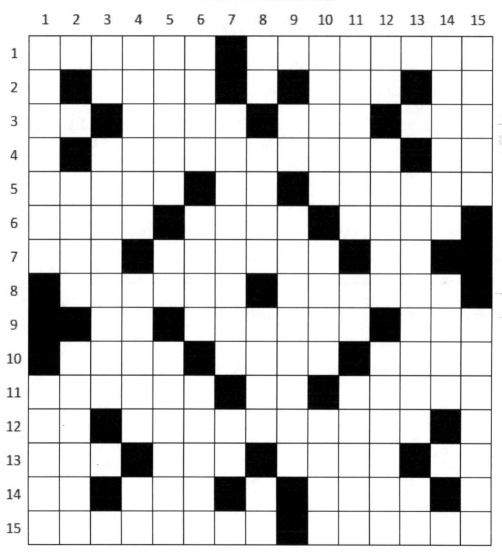

ACROSS

1	Weapon - Rainstorm	1
2	Demon - Finishing	2
3	Identification document - Female wildcat - Act	3
4	Barefooted	4
5	Before - Extreme Ultraviolet Explorer - Watch	5
6	Transfer - Lithium - Stern	6
7	Fashionable - Particular day - Element	7
8	Exclusive	8
9	Enticement - Black - Electronvolt	9
10	Boost - Exists - Pivot joint between the hand and the forearm	10
11	Landscape - Lose weight - Whale	11
12	Abandon belief	12
13	Nickel - Spiral - Service provider	13
14	Chart - Area of southern Hampshire colonized by the Jutes	14
15	Seasoned - A village in India	15

DOWN

1	Defender - Insults	1
2	Desperate - Armored personnel carrier - Individual retirement account	2
3	Truck - Frozen water - Aluminum	3
4	East Jerusalem - Immediate - Physical therapy	4
5	A river in Arizona - Be very angry	5
6	Infirm - District of Columbia - Royal Ordnance	6
7	Immunize - Specific growth rate	7
8	Certainty	8
9	European Air Express - Corrosiveness	9
10	Saint - All the rage - Battle	10
11	Designate - Charter	11

Puzzle number : 47

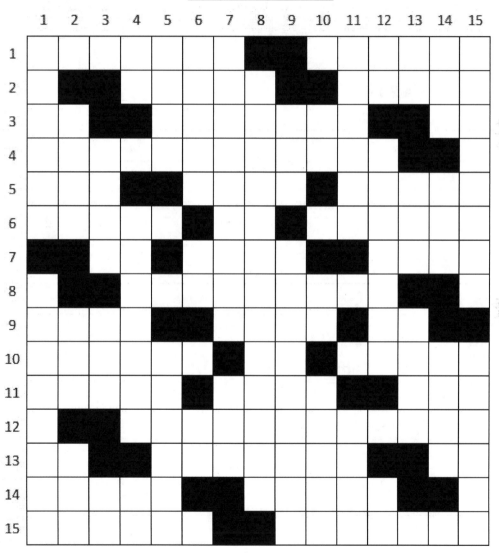

	ACROSS	
1	Evergreen - Adjusted	1
2	Great work of music - Merger	2
3	Iron - Very small - Taking place	3
4	Paintings	4
5	Hold in contempt - Middle East country - Mineral	5
6	Fancily decorated - About - Not ever	6
7	Yeses - Contradictory - Years ago	7
8	Vegetarian	8
9	Delaware - Accomplished - Extra	9
10	Omit - Radium - Kindred	10
11	Nays - Position - Stared	11
12	Viscous	12
13	The Extraterrestrial - Lambasting - Integrated circuit	13
14	Rock - Execute	14
15	Cleanliness - Curved structures	15

	DOWN	
1	Flattery - Implicate	1
2	Imitate - Weep - Bumpkin	2
3	Exist - Single - Plate	3
4	Iridium - Shattered - Silicon	4
5	Swimming - Not on time	5
6	Semitic name for God - Research and Development - Parlor	6
7	Economic Cooperation Organization - First inhabitant	7
8	Predictable	8
9	Breathtaking - Italian gas company	9
10	Alliance - Negative - Supported	10
11	Mangled - Swindler	11

Puzzle number : 48

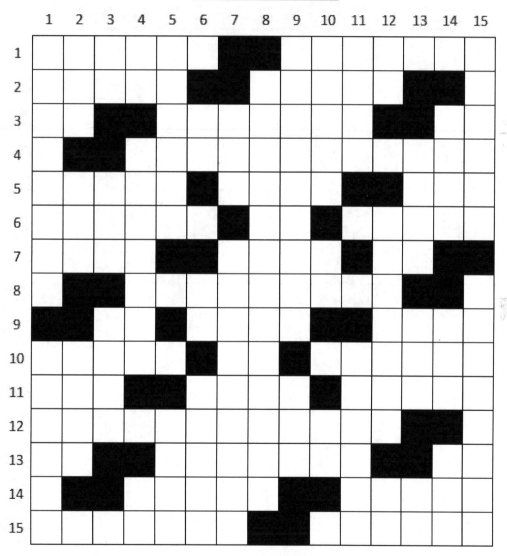

Solution No. 1

```
    1  2  3  4  5  6  7  8  9 10 11 12 13 14 15
 1     W  A  T  E  R           M  E  T  E  D
 2  A        A  P  E  D     T  A  X  I        X
 3  R     D  R  I  V  E  L     G  E  N  E     E
 4  O  P  E     C  E  R  A  M  I  C     V  A  N
 5  M  E  N        L  I  M  A        D  I  D  O
 6  A  R  I  E  S     V  E  N  O     E  L  A  N
 7     F  A  V  E  L  A     I  P  A  S     Y
 8     L  I  M  I  T     P  E  N  I  S
 9     C     N  I  S  I     U  N  T  R  O  D
10  T  A  L  C     E  V  I  L     S  E  L  E  X
11  A  G  U  E        E  G  A  D        A  L  E
12  P  I  T     P  O  S  I  T  E  D     C  I  R
13  I     E  W  E  R     B  O  V  I  N  E     O
14  R     A  R  A  L     R  I  M  E           X
15     S  I  G  I  L           L  E  D  G  E
```

Solution No. 2

```
    1  2  3  4  5  6  7  8  9 10 11 12 13 14 15
 1     S  C  R  A  G           M  A  C  R  O
 2  F     E  L  A  N     T  O  G  A           R
 3  O     O  V  U  M     H  O  T  E  L  S     A
 4  C  I  V     M  E  R  I  T  E  D     T  E  C
 5  A  R  A  B        O  R  A  L        A  X  E
 6  S  O  L  O     E  S  E  L     D  A  L  E  S
 7     N     S  A  M  E     I  T  A  L  I  C
 8        C  O  N  I  C     S  A  T  A  N
 9     T  O  M  A  T  O     A  K  A  S     S
10  B  E  R  Y  L     L  A  T  E     K  I  T  E
11  R  A  P        L  O  G  O        A  C  I  D
12  A  M  S     F  O  R  E  R  U  N     O  R  E
13  V     E  R  O  D  E  S     S  O  W  N     N
14  E        I  R  E  D     M  E  S  A        T
15     A  I  D  E  S           S  E  R  U  M
```

Solution No. 3

```
    1  2  3  4  5  6  7  8  9 10 11 12 13 14 15
 1  V  I  O  L  E  N  T     P  L  O  S  I  V  E
 2  E  P     O  D  E        R  O  B     F  I  R
 3  N     S  I  T     D  O  N  E  E     C  O
 4  E  M     S  T  O  R  I  N  G  S     E  S
 5  R  A  C  E        E  M  T     E  R  O  S  E
 6  E  G  O  S     S  C  I  O  N     E  P
 7  A  I  M     P  E  A  N     A  D  E  N
 8     M  A  N  I  P  U  L  A  T  O  R     R
 9     C  O  N  S        T  I  L  E     O  R  E
10     D  A     O  L  I  V  E     A  S  A  P
11  S  T  E  L  E     A  V  E     N  E  R  O
12  O  R     S  E  R  E  N  A  D  E     E  R
13  L  A     S  T  A  G  S     B  U  M     T
14  O  C  R     O  S  E     U  P  I     B  E
15  S  E  D  U  C  E  R     S  T  E  A  M  E  R
```

Solution No. 4

```
    1  2  3  4  5  6  7  8  9 10 11 12 13 14 15
 1  E  L  E  G  I  A  C     G  L  O  R  I  E  R
 2  N  O  T     R  I  A        A  L  E     H  E
 3  T  T     S  I  R  E  D     S  I  T     Q
 4  E  T     A  S  S  E  S  S  O  R     A  U
 5  R  I  S  E  N     A  R  T        A  B  L  E
 6     W  C     C  R  I  E  R     L  E  E  S
 7  Z  O  R  I     V  I  S  A     L  E  T
 8  C     P  U  R  I  T  A  N  I  C  A  L     S
 9  R  A  P     S  C  A  T        T  R  I  M
10  O  M  E  N     E  P  I  C  S     C  E
11  S  I  D  E     E  V  E     R  A  D  A  R
12  T  R     C  A  U  S  E  R  I  E     B  O
13  A     T  F  S     S  I  R  U  M     O  S
14  T  E     A  R  A     S  O  S     A  V  E
15  O  P  E  R  O  S  E     E  N  E  M  I  E  S
```

Solution No. 5

```
    1  2  3  4  5  6  7  8  9 10 11 12 13 14 15
 1     O  R  C  H  E  S  T  R  I  N  A
 2  L     F  O  R  A     E     A  M  I  G  O
 3  A  S     P  A  R  E     A  L  O  N  G     I
 4  B  I  R  E  M  E     E  R  E     E  L  A  N
 5  O  D  E  S     M  A  X  I     S     O  V  A
 6  R  A  P        M  E  D  I  C     M  E  N
 7     S  O  M  A  T  I  C     R  A  P  E     E
 8     S  I  Z  E  D     P  O  L  A  R
 9  A     I  D  O  L     F  U  N  E  R  A  L
10  L  I  T     I  L  E  U  M        T  U  G
11  I  C  O     C     A  S  A  P     P  E  R  I
12  G  U  R  U     L  S  E     A  C  E  D  I  A
13  N     I  N  G  O  T     A  R  A  R     D  N
14     T  E  D  I  C     T     E  D  E  N     T
15     S  O  L  I  L  O  Q  U  I  Z  E
```

Solution No. 6

```
    1  2  3  4  5  6  7  8  9 10 11 12 13 14 15
 1     I  N  A  T  T  E  N  T  I  V  E
 2  S  N  A  R  E     S     O  P  E  N     M
 3  S     T  I  E  R  S     E  T  O  N     S  O
 4  P  E  E  L     A  T  E     A  D  O  R  E  R
 5  A  R  R     E     I  D  O  L     M  E  M  O
 6  S  A  F     L  U  R  E  R           M  I  N
 7  M     E  G  I  S     N  E  M  E  S  I  S
 8     R  I  D  E  R     S  E  V  E  N
 9  M  E  T  E  R  E  D     S  E  M  I     A
10  B  E  N        T  O  R  A  N     S  A  G
11  S  E  C  T     D  E  L  I     T     C  N  E
12  I  D  E  A  T  E     E  T  A     B  E  A  N
13  D  S     L  A  C  E     A  D  O  R  N     T
14  E     S  O  M  A     T     E  P  I  C  S
15     I  N  E  L  A  B  O  R  A  T  E
```

Solution No. 7

1	2	3	4	5	6	7	8	9	10	11	12	13	14	15
M	O	R	A	S	S	■	E	S	C	A	L	A	T	E
U	■	A	L	T	O	■	S	C	A	B	■	M	O	M
S	■	S	I	R	■	■	A	L	A	■	■	N	I	
I	■	S	O	F	T	S	E	L	L	S	■	P	U	N
C	E	O	■	F	I	E	L	D	■	E	R	A	S	E
A	R	F	■	S	E	M	I	■	D	■	I	N	■	N
L	A	T	E	■	■	I	M	■	W	A	V	E	■	T
■	■	P	A	R	A	S	I	T	I	C	A	L	■	
R	■	E	T	N	A	■	N	O	■	L	I	N	E	
O	■	D	E	■	R	■	A	T	O	M	■	N	A	B
T	I	A	R	A	■	S	T	E	L	E	■	G	P	O
A	S	L	■	S	C	H	E	M	I	N	G	S	■	N
T	S	■	■	I	R	A	■	V	A	N	■	I		
O	U	R	■	D	A	M	E	■	E	G	A	D	■	Z
R	E	D	E	E	M	E	R	■	S	E	T	T	E	E

Solution No. 8

1	2	3	4	5	6	7	8	9	10	11	12	13	14	15
C	A	R	C	A	N	E	T	■	E	J	E	C	T	A
A	R	E	■	M	A	X	I	■	S	I	P	S	■	I
T	O	■	O	B	I	■	■	T	N	I	■	R		
A	S	P	■	R	E	L	E	V	A	N	C	E	■	L
L	E	A	S	E	■	E	L	A	T	E	■	N	E	I
A	■	R	A	■	O	■	A	L	E	E	■	V	A	N
N	■	O	L	I	D	■	B	O	■	C	E	T	E	
■	C	A	T	E	G	O	R	I	C	A	L	■		
A	D	H	D	■	A	R	■	R	E	P	O	■	D	
L	E	I	■	M	A	M	A	■	A	■	E	P	■	I
A	N	A	■	E	L	I	T	E	■	T	R	E	S	S
R	■	L	U	M	I	N	E	S	C	E	■	D	A	P
M	■	R	O	E	■	T	O	N	■	F	E			
E	■	A	G	I	N	■	C	O	M	E	■	G	E	L
D	I	N	E	R	S	■	S	C	A	T	T	E	R	S

Solution No. 9

1	2	3	4	5	6	7	8	9	10	11	12	13	14	15
■	V	E	E	R	E	D	■	E	L	A	P	S	E	■
O	■	G	L	A	R	E	■	M	E	T	A	L	■	U
P	■	I	T	E	M	■	P	E	O	N	■	N		
E	L	A	T	E	■	O	B	I	■	M	E	R	C	I
R	O	B	E	■	S	T	A	R	T	■	L	I	O	N
A	C	E	■	O	P	I	N	I	O	N	■	S	I	T
T	I	T	A	N	I	C	■	C	R	A	C	K	L	E
I	■	R	E	C	■	■	C	I	A	■	R			
V	E	T	E	R	A	N	■	S	H	A	T	T	E	R
E	V	E	■	S	T	U	N	T	E	D	■	I	C	U
N	E	S	T	■	E	R	R	E	D	■	W	A	R	P
E	N	T	E	R	■	T	A	P	■	G	A	M	U	T
S	■	L	U	L	U	■	P	A	L	S	■	E		
S	■	C	E	D	A	R	■	E	L	I	T	E	■	D
■	L	E	X	E	M	E	■	D	E	M	E	N	T	■

Solution No. 10

1	2	3	4	5	6	7	8	9	10	11	12	13	14	15
■	P	R	E	W	A	R	■	S	A	R	O	N	G	■
D	■	A	M	E	B	A	■	E	L	O	P	E	■	P
E	■	E	D	I	T	■	C	A	V	E	■	R		
L	A	M	E	S	■	H	A	R	■	E	R	A	S	E
I	C	E	R	■	Z	O	N	E	D	■	A	G	E	D
B	E	N	■	R	E	L	A	T	E	D	■	E	W	E
E	R	U	D	I	T	E	■	E	L	E	M	E	N	T
R	■	A	V	E	■	I	F	E	■	E				
A	N	I	M	A	T	E	■	A	V	E	N	G	E	R
T	A	T	■	L	I	V	E	N	E	R	■	R	U	M
I	D	E	S	■	C	A	T	E	R	■	B	I	R	I
N	A	M	E	D	■	C	A	M	■	D	E	M	O	N
G	■	T	U	T	U	■	O	D	O	R	■	E		
S	■	C	A	N	O	E	■	N	A	M	E	S	■	D
■	A	L	L	E	G	E	■	E	M	E	T	I	C	■

Solution No. 11

1	2	3	4	5	6	7	8	9	10	11	12	13	14	15
S	U	R	M	I	S	A	L	■	S	H	A	D	E	S
T	P	■	G	R	I	N	■	C	A	B	■	R	U	
O	P	T	■	A	G	I	N	■	A	J	A	R	■	S
R	E	■	T	H	E	A	T	R	I	C	■	P		
E	R	A	S	E	■	S	T	A	Y	■	A	P	S	E
D	■	D	P	■	T	■	U	M	■	A	■	E	O	N
■	I	O	T	A	■	R	E	■	M	A	R	T	S	
S	■	P	O	I	N	T	E	D	N	E	S	S	■	E
W	H	O	R	L	■	A	L	■	O	N	T	O		
A	A	S	■	L	■	K	O	■	W	■	I	N	■	N
T	R	E	E	■	B	E	V	Y	■	I	R	A	T	E
T	■	P	I	O	N	E	E	R	S	■	A	V		
I	■	L	O	C	O	■	R	A	I	L	■	A	L	E
N	M	■	D	O	S	■	S	T	E	P	■	O	R	
G	E	R	E	N	T	■	S	T	E	T	S	O	N	S

Solution No. 12

1	2	3	4	5	6	7	8	9	10	11	12	13	14	15
D	R	E	A	M	S	■	D	I	D	A	C	T	I	C
R	V	■	R	I	P	■	B	E	G	S	■	C	O	
O	■	G	E	N	E	■	F	E	A	R	■	T	E	C
W	■	A	I	R	P	L	A	N	E	■	S	C		
S	E	A	L	■	M	A	A	M	■	E	M	P	T	Y
I	R	S	■	U	■	Y	B	■	H	■	A	L	■	X
N	A	T	A	L	■	T	B	■	A	R	C	A		
G	■	A	N	N	I	V	E	R	S	A	R	Y	■	A
■	S	E	A	L	■	R	E	■	S	O	B	E	R	
C	■	I	N	■	L	■	G	E	■	P	■	O	A	T
A	M	A	T	I	■	E	A	V	E	■	B	Y	T	E
N	E	■	D	I	S	S	E	R	V	E	■	R		
D	R	Y	■	E	A	S	T	■	R	I	G	S	■	I
I	C	■	D	A	T	A	■	E	T	A	■	B	E	
D	I	S	P	L	A	Y	S	■	D	A	N	C	E	S

Solution No. 13

	1	2	3	4	5	6	7	8	9	10	11	12	13	14	15
1		T	R	U	E	R			A	M	O	R	E		
2	P		S	L	I	P		T	I	N	E			R	
3	R		S	A	F	A	R	I		M	E	T	R	E	
4	E	R	A			G	E	N	R	E	S		E	T	A
5	S	I	L	O		A	L	A	S			W	R	I	T
6	A	M	E	B	A		A	N	I	L	E		A	R	E
7	G		S	E	D	A	T	E		U	R	I	N	E	
8	E			S	A	G	E		E	L	A	N			S
9		S	I	E	G	E		A	M	U	S	E	D		T
10	C	A	R		E	D	U	C	E		E	R	R	O	R
11	A	F	A	R			B	U	R	T		T	O	R	E
12	P	A	T		B	E	S	T	I	R			W	E	T
13		R	E	L	A	X		E	T	Y	M	O	N		C
14	I		I	T	E	M		A	S	A	P				H
15			A	P	E	R	Y			T	R	E	N	D	

Solution No. 14

	1	2	3	4	5	6	7	8	9	10	11	12	13	14	15
1			S	P	A	S	M			D	A	T	E	D	
2		S		I	R	O	N		R	A	C	E			U
3	T	O	T	A	L		S	E	R	E	N	E			N
4	B	U	M		B	E	H	A	V	E			T	A	N
5	A	P	E	S			O	V	E	R		R	O	D	E
6	R	I	G		R	O	W	E	R		S	E	N	O	R
7		D	A	R	E	D		R	E	M	I	S	S		
8	C			A	V	O	W		S	E	R	E			
9	A		O	P	E	R	A	S		G	E	T	U	P	
10	P	I	X	E	L		T	I	T	A	N		S	A	P
11	A	R	I	D		V	E	T	O			W	A	R	E
12	B	E	D			I	R	E	N	I	C		G	A	P
13	L		E	L	A	T	E	D		D	O	P	E	D	
14	E		E	G	A	D			M	O	R	A			E
15		E	X	T	O	L			C	L	E	R	K		

Solution No. 15

	1	2	3	4	5	6	7	8	9	10	11	12	13	14	15
1	C	E	R	I	S	E		M	I	G	R	A	T	O	R
2	O	X		R	E	D	E		S	A	E		B	T	U
3	N		C	E	D	E		C	E	L	T	S		H	B
4	S	I		F	A	N	T	A	S	I	A		C	O	B
5	I	N	P	U	T		O	R		O	P	P	O	S	E
6	S	T	A	L	E		M	I		T	E	R	N		R
7	T	O	N			P	A	C	E			E	S	T	
8	S		C	R	Y	S	T	A	L	L	I	Z	E		D
9			E	R	A		O	T	I	C			R	Y	E
10	S		E	G	O	S		U	T		N	E	V	E	R
11	C	H	A	S	T	E		R	E		O	M	E	G	A
12	R	A	S		I	N	V	A	S	I	V	E		G	I
13	U	I		M	O	D	E	L		C	I	T	Y		L
14	F	K	A		S	A	T		L	O	C	I		M	E
15	F	U	R	B	E	L	O	W		N	E	C	K	E	D

Solution No. 16

	1	2	3	4	5	6	7	8	9	10	11	12	13	14	15
1	R	I	C	K	S	H	A	W		D	O	S	I	N	G
2	E	N	D		T	U	B		K	E	P	I		M	A
3	D	T		D	E	M	U	R		L	I	N	E		M
4	U	R	P		W	A	T	E	R	I	N	G		M	E
5	C	A	R	E	E	N		N	E		E	L	F	I	N
6	E		O	D	D	S		U	T		D	E	U	C	E
7			O	D	E		A	M	I	R			R	E	S
8	C		I	N	C	I	N	E	R	A	T	O	R		S
9	H	A	G				F	O	R	E			V	O	W
10	A	W	A	R	E		D	A		A	N	E	W		S
11	S	O	L	A	R		I	T		C	O	N	E	S	T
12	I	L		C	O	N	C	E	D	E	D		D	U	O
13	N		R	E	D	O		D	A	T	U	M		I	N
14	G	P		M	E	W	S		N	I	L		A	T	E
15	S	T	R	E	S	S			R	E	C	E	S	S	E	S

Solution No. 17

	1	2	3	4	5	6	7	8	9	10	11	12	13	14	15
1		P	I	L	A	F		L	L	A	M	A	S		
2	A		A	G	E	D		A	N	A	L			F	
3	C		A	D	O	R	E	R		T	R	A	C	E	
4	R	E	D		A	C	I	D	I	C		O	V	A	
5	O	V	A	L		L	O	T	U	S		A	M	E	X
6	B	E	G	A	T		R	E	N	E	W		E	R	E
7	A		E	X	O	D	U	S		R	A	P	T		
8	T	O		E	X	A	M		M	U	R	E		V	C
9			O	D	I	C		H	A	M	E	S	T		R
10	S	T	P		C	H	E	E	R		S	T	A	T	E
11	A	R	E	A		S	K	I	V	E		S	P	A	M
12	P	A	R		T	H	E	R	E	R			E	R	A
13			P	A	R	E	U		S	L	U	M	E	R	T
14		S		U	L	N	A		S	P	A	Y			E
15			B	E	L	D	A	M		T	R	E	A	D	

Solution No. 18

	1	2	3	4	5	6	7	8	9	10	11	12	13	14	15
1			I	C	E	C	A	P		G	E	N	R	E	
2		W		O	R	A	L		C	A	R	E			P
3		A	T	T	A	R		T	O	M	A	T	O		A
4	A	X	E		S	E	W	A	G	E			V	A	N
5	G	E	N	E		T	A	P	E	R		R	A	K	E
6	E	R	E		B	A	S	I	N		M	E	T	A	L
7			T	R	E	K		R	E	C	I	P	E		E
8	A	C		A	R	E	A		R	O	D	E		A	D
9	S		A	V	E	R	S	E		U	G	L	Y		
10	C	A	R	E	T		I	N	U	R	E		O	V	A
11	A	N	O	N		U	N	A	P	T		O	D	O	R
12	R	A	M				S	I	C	C	E	D		E	W	E
13	E		A	S	S	E	N	T		S	A	B	L	E	
14	D			H	I	R	E		D	A	T	A			L
15			A	P	E	R	S		H	O	N	E	S	T	

Solution No. 19

	1	2	3	4	5	6	7	8	9	10	11	12	13	14	15
1	M	U	L	E	S			A	C	I	C	U	L	A	R
2	E	R	A		O	R	I	G	I	N	A	T	E		O
3	L	I		R	U	N	E		J	U	T				S
4	O	N		M	E	N	U		U	S	E		S	E	
5	D	E	P	O	S	E	R		P	R	E	R	U	P	T
6	Y		A	M		E	D	D	Y		N	U	T		
7		G	E	L		R	A		P	U	R	E		
8		S	E	N	S	E	L	E	S	S	N	E	S	S	
9	S	E	A	T		O	S		O	A	U			
10	A	W	N		O	U	S	T		N	A		V	
11	D	E	T	R	A	C	T		A	M	P	U	L	L	A
12	D	R		A	W	E		B	E	R	T		A	L	
13	E		V	A	L		B	O	N	E		T	I	
14	N		F	E	R	O	C	I	O	U	S		P	E	S
15	S	E	C	R	E	T	E	D		S	T	A	R	E	

Solution No. 20

	1	2	3	4	5	6	7	8	9	10	11	12	13	14	15
1	E	P	I	T	A	P	H	S			C	U	R	E	R
2	N		M	A	G	I	C	A	L	L	Y		A	L	E
3	G		T	O	R		P	A	I	N			A	S	
4	R	O		E	R	A		C	O	I	N		T	I	
5	O	P	E	R	A	T	E		E	N	C	A	S	E	D
6	S	E	R		E	G	A	D		I	T			E	
7	S	R	O	S		O	M		P	L	O			
8		A	D	M	E	A	S	U	R	E	M	E	N	T	
9		I	A	P		S	I		D	E	A	L		
10	R		N	I		C	E	D	E		S	L	Y	
11	E	U	G	L	E	N	A		E	R	E	C	T	O	R
12	A	N		S	L	A	P		O	V	A		N	I	
13	M	I		O	D	E	S		D	E	M			C	
14	E	T	A		P	A	R	T	N	E	R	E	D		A
15	D	E	L	V	E		P	A	S	T	O	R	A	L	

Solution No. 21

	1	2	3	4	5	6	7	8	9	10	11	12	13	14	15
1		A	W	O	L		L	A	C	E				T	
2	S	I		A	P	E		G	A	L	E		E	H	
3	A	S	E	X	U	A	L		R	S	I		A	L	E
4	L	O	N		S		A	G	E		M	I	S	E	R
5	A	C	E	R		P	O	R	E		I	M	A	G	E
6	M	O	M		V	I	S	A		A	N	A		Y	S
7	I	M	A	G	E	R		D	O	T	A	G	E		T
8		A		A	L	A	R		N	O	T	E		L	
9	A		B	L	O	T	C	H		N	E	S	T	O	R
10	L	S		I	C	E		E	G	A	D		A	C	E
11	M	E	R	C	I		O	R	A	L		S	L	A	M
12	S	T	E	E	P		B	E	T		E		E	T	A
13	M	A	D		E	R	E		E	N	T	I	R	E	D
14	A	L		R	D	A	S			I	N	C		S	E
15	N			E	D	E	N		G	A	S	P		

Solution No. 22

	1	2	3	4	5	6	7	8	9	10	11	12	13	14	15
1	O			D	I	R	T		E	W	E	R		
2	V	D		P	U	C	E			R	O	T		M	C
3	E	R	U		P	U	P		C	A	R	A	M	E	L
4	R	U	R	A	L		E	G	O		N		A	G	O
5	J	I	N	N	I		L	A	V	A		R	D	A	S
6	O	D		I	C	E		M	E	N	U		A	T	E
7	Y		S	M	A	R	M	Y		E	N	A	M	O	R
8		R		A	T	O	M		O	M	E	N		N	
9	B	A	L	L	O	T		B	R	I	D	A	L		W
10	A	V	E		R	I	T	E		C	U	D		B	I
11	D	A	V	E		C	I	T	E		C	E	D	E	R
12	A	G	E		P		M	A	N		A	M	O	R	E
13	S	E	R	R	A	T	E		T	A	T		S	E	T
14	S	S		O	V	A		E	X	E	C		T	A	
15			S	T	E	P		B	R	E	D			P	

Solution No. 23

	1	2	3	4	5	6	7	8	9	10	11	12	13	14	15
1	O	P	T	I	M	U	M	S		O	R	A	C	L	E
2	C	E	O		A	T	E			R	E	C		P	M
3	C	R		S	T	A	R		S	A	T	E			I
4	U	S		C	H	I	S	E	L	E	D			S	N
5	P	E	A	C	H		N	O	D			I	S	L	E
6	Y		D	H		N	O	M	A	D		A	E	O	N
7		D	I	E	S		E	T	O	N		S	E	T	
8			P	R	I	V	A	T	E	N	E	S	S		
9	A	G	O		R	A	N	I		T	A	I	L		
10	N	E	S	T		N	O	M	E	N		K	O		B
11	A	R	E	A		D	E	N		G	E	N	R	E	
12	G	M		R	E	G	I	S	T	E	R		O	N	
13	R		T	A	L	C		I	D	O	L		U	T	
14	A	D		A	S	A		C	I	V		U	S	E	
15	M	A	N	N	E	D		D	E	T	E	C	T	E	D

Solution No. 24

	1	2	3	4	5	6	7	8	9	10	11	12	13	14	15
1	B	U	R	S	T	S		C	R	A	M	P	E	S	T
2	E	P		H	U	E			E	G	O		R	A	W
3	D		A	N	A	L		F	E	R	N		T	I	
4	E	C		L	A	T	I	T	U	D	E		Y	S	
5	V	E	T	O			B	E	G		S	M	A	R	T
6	I	T	E	M		F	I	L	E	S		I	R		Y
7	L	A	M		R	O	D	E			P	R	I	M	
8		P	R	E	R	O	G	A	T	I	V	E		
9	O	T	I	C			E	D	I	T		S	F	S	
10	L		E	S		T	E	N	O	N		B	E	A	K
11	A	C	R	E	S		A	I	R			I	S	L	E
12	T	A		L	A	R	C	E	N	E	R		L	P	
13	I	N		B	A	R	N		D	O	P	E		T	
14	N	O	T		I	C	E		V	I	M		H	I	
15	S	E	R	E	N	A	D	E		A	C	E	T	I	C

Solution No. 25

```
   1 2 3 4 5 6 7 8 9 10 11 12 13 14 15
1  · D R E A R · · · P  A  P  A  ·  ·
2  D · · O N E S · B A  B  E  ·  R  ·
3  E · A N Y H O W · T  U  R  B  O  ·
4  C U R · · A L I G H  T  ·  U  P  I
5  I D E M · B A S E ·  ·  ·  X  E  S
6  M I N O R · C E L E  B  ·  O  D  E
7  A · A D O R E R · P  E  R  M  ·  ·
8  L · U S A · · · I R  A  ·  ·  R  ·
9  · · U S E R · R E C  E  N  T  ·  O
10 L A N · S E R U M ·  T  E  E  N  S
11 A D S · · O R E S ·  E  M  I  T  ·
12 B O A · T O M A T O  ·  P  E  R  ·
13 · B Y L A W · L I B  I  D  O  ·  U
14 · E · A P E R · C E  D  E  ·  ·  M
15 · · A X E D · · R E  N  T  S  ·  ·
```

Solution No. 26

```
   1 2 3 4 5 6 7 8 9 10 11 12 13 14 15
1  · A W O L · · · · A  H  E  A  D  ·
2  · I O N Y X · A M E  N  ·  ·  ·  O
3  · M I N E R · A D O  N  I  S  ·  V
4  P A D · S A I L O R  ·  ·  A  P  E
5  E G O · · · C O R E  ·  A  P  E  R
6  G E L · A T U N E ·  I  R  O  N  S
7  · · S O L O · E D I  T  O  R  ·  E
8  R · B I T · · · · ·  R  E  M  ·  E
9  E · S E V E R E · A  M  A  N  ·  ·
10 S E N S E · I P O D  S  ·  I  P  S
11 C L U E · · E B O N  ·  ·  N  E  I
12 I O F · · M A D E U  P  ·  J  A  R
13 N · F O I B L E · S  O  N  A  R  ·
14 D · · A P E D · V A  S  E  ·  ·  L
15 A C T O R · · · · S  E  W  N  ·  ·
```

Solution No. 27

```
   1 2 3 4 5 6 7 8 9 10 11 12 13 14 15
1  M E G A D E B T · S  T  A  R  T  S
2  E G O · O P A · S T  A  G  ·  ·  L
3  D E · R E E L · O R  I  G  ·  ·  U
4  U S · · R E L E V A  N  T  ·  P  R
5  S T A R S · A L A ·  ·  A  F  A  R
6  A · N A · E D I T E  D  ·  O  R  E
7  · E G I S · · M I N  ·  G  R  A  D
8  · · U N S O L I C I  T  E  D  ·  ·
9  R E L Y · D O N · ·  A  N  O  N  ·
10 O V A · D E C A M P  ·  U  N  ·  A
11 T I R E · · A T E ·  U  S  E  R  S
12 A L · D I P L E G I  C  ·  ·  A  C
13 T · P U R E · R A B  E  ·  ·  N  E
14 O · C O N E · I M S  ·  W  E  N  ·
15 R E L E N T · E M B  A  R  K  E  D
```

Solution No. 28

```
   1 2 3 4 5 6 7 8 9 10 11 12 13 14 15
1  D E O D A R · U N S  T  A  B  L  E
2  E · A N O N · E T A  ·  ·  P  E  R
3  L · S N A P · · G A  L  S  ·  G  A
4  I T · C L E A V A G  E  ·  ·  I  S
5  L A C E · · G E T ·  S  T  A  T  E
6  A R A · S T O N E S  ·  I  P  ·  D
7  H E R O · O R E · P  L  O  T  ·  ·
8  · · A P P E A R A N  C  E  S  ·  ·
9  · O M E N · · A G O  ·  S  T  I  R
10 P · E R · B E T I D  E  ·  L  O  E
11 L I L A C · N E T ·  ·  B  E  T  A
12 A N · H E A D A C H  E  ·  ·  A  C
13 I T · C A L M · R A  G  E  ·  ·  T
14 N R A · I S O · S A  L  E  ·  ·  O
15 S O M B R E R O · M  E  T  E  O  R
```

Solution No. 29

```
   1 2 3 4 5 6 7 8 9 10 11 12 13 14 15
1  · C O B W E B · V A  G  A  R  Y  ·
2  S · · Y E T I · · R  O  M  ·  ·  S
3  T · S T A C K · F E  R  A  L  ·  T
4  R A C E R · I R O N  Y  ·  A  G  O
5  E R A · · E N E M A  ·  ·  B  A  N
6  S I R · O X I D E ·  S  T  E  L  E
7  S A F A R I · · N A  T  A  L  ·  S
8  · · G A L E · · T R  I  M  ·  ·  ·
9  S · D E T E R · · I  R  E  N  I  C
10 E L I D E · O B E S  E  ·  O  R  E
11 R E V · · S T I V E  ·  ·  T  O  M
12 E G O · S P I T E ·  S  C  E  N  E
13 N · T U N I C · N O  P  E  S  ·  N
14 E · · S I N · · T W  I  T  ·  ·  T
15 · P E E P E E · S E  N  A  R  Y  ·
```

Solution No. 30

```
   1 2 3 4 5 6 7 8 9 10 11 12 13 14 15
1  · G A S S E D · P A  G  O  D  A  ·
2  B · · E O N · · A M  U  R  ·  ·  L
3  I · B E D E W · R I  L  E  D  ·  E
4  O R E · A M I G A ·  P  L  E  B  E
5  P A L · · A S I D E  ·  ·  F  O  R
6  S T O M A · E N E M  Y  ·  O  D  E
7  Y · W O F U L · · B  O  G  G  E  D
8  · · · R O S Y · · C  O  D  E  ·  ·
9  S A F A R I · · · A  G  E  N  T  M
10 U E L · E N T E R ·  L  E  A  V  E
11 B R O · · G I V E R  ·  ·  L  A  D
12 L Y R I C · R E S E  T  ·  E  N  D
13 E · A R O M A · S A  W  E  D  ·  L
14 T · · A R I D · · ·  T  I  N  ·  E
15 · R E N E G E · C A  N  D  I  D  ·
```

Solution No. 31

```
TEAMS  REFRESH
C  LET      OAST   A
AMALGAM  DRIVE    R
RAZ  ARABICS   AGE
ATOP  KNAVE   OMEN
VEILS  IRA   ENEMA
A  CUTUP   RIPED
N  MENU   ICON    S
   PAROL   CEDED  T
ALIGN  AHA  ESURE
GATE  STATE  SPAM
ANA  SPOTEST  ERM
T  POLAR  STANDEE
E  ARID    ORE    D
  STIPEND  PETAL
```

Solution No. 32

```
TUTELAR   SLUMP
A  NOTE    TEP    H
D  JONAH  VIVIDLY
OVA  ANOMALY  ROM
BADE  SMART  PEON
ENEMA  OTI  SEATS
   DEBUG  CATER
W  ROSE   OVER    T
H  DIVAN  LEVEE   O
EMOTE  ILO  ESTOP
ROTA  AZURE  SHOP
ERE  EXEGETE  EIE
BESTRID  DOTARDS
Y  AGO    NOR     T
 CDROM  ROSETTE
```

Solution No. 33

```
   PAL   RULABLE
 OPENER    IRE    C
S  ERODE  UNITE   A
PIT  N  PANEL   XED
IPAS  SEDAN  VOTE
ROLL  ATOP  ADIT
ED  ECTI  OCULUS
  REVITALIZES
 BIKINI  OFIN  AS
GAVE  VEGA  CALL
ABED  REVEL  ESPY
PER  VALET  P  SSL
E  SPICY  INURE  Y
D  USE  CERATE
 AUBERGE  WED
```

Solution No. 34

```
 FIREBUG   HAM
W  ALE    VAGARY
H  IMAGE  ARETE  A
ION  NATAL  E  NAB
RASP  TYPES  AERY
STAR  METE  DWIS
STINKO  UPEI  LS
 INVALIDATES
EL  TOYO  ILLUME
VASE  AGIN   EAST
AVER  KICAR  DINE
DAD  S  CERES  LED
E  AROMA  YEARS  D
ANIMAL   VIE    Y
   BAN  FRETFUL
```

Solution No. 35

```
CATTLE  VERTICAL
OXIDE    RAW  D  A
NE  SALIVATES  UM
T  A  DIDO  SETOSE
ETCHED  TA  TONES
MORON  MEGS  PERT
PEER  WIRETAP
T  SEMIS  NAIAD  S
  HONESTY   BITE
REDO  ORES  ALTER
ODIUM  YA  ICECAP
SINNED  ECRU  H  E
TT  DAYDREAMS  DN
E  A  LEI    EIGHT
RECESSES  ANNALS
```

Solution No. 36

```
CHUGALUG  PSEUDO
A  N  RIP   CARTV
UD  REVISITED  NE
DELETE  ANON  T  R
ALONE  EV  PIPING
LITE  OMEN  COMER
  WATERED  PEPO
S  TACIT  GURUS  W
HERB  CITADEL
AWOLS  CITE  AMIR
METEOR  GE  STATE
B  H  LANE  STEWED
LR  VENERATED  MO
EAVES   CAL  C  N
SPOTTY  HEBETUDE
```

Solution No. 37

```
    1  2  3  4  5  6  7  8  9 10 11 12 13 14 15
 1  A  P  U  R  P  O  S  E     O  R  A  T  O  R
 2  V           R  A  T           E  L  I  D  E
 3  U  D     B  O  T  A  N  I  C  A  L     E  V
 4  L  O  C  O        R  O  B  O  T           E
 5  S  E  L  L  E  R     T     A  G  I  T  A
 6  E  R  E  S  T  E     I  F  P     A  R  I  L
 7           H  O  P  E  F  U  L     T  A  P  E
 8  S     D  E  N  O  M  I  N  A  T  E  D     D
 9  M  I  R  V     S  I  C  K  I  S  H
10  A  N  T  I     E  R  A     N  A  O  E  R  O
11  S  N  A  K  E        T     T  R  U  A  N  T
12  H        T  U  N  I  C        S  T  A  T
13  H  R     V  A  R  I  O  L  A  T  E     S  E
14  I  D  E  A        N  I  L  E           R
15  T  A  U  N  T     A  S  P  I  R  A  N  T  S
```

Solution No. 38

```
    1  2  3  4  5  6  7  8  9 10 11 12 13 14 15
 1  A  R  T  F  U  L     E  G  R  E  S  S  E  D
 2  N  A  I  L  S           R  O  T           E
 3  A  M     U  N  T  I  D  I  E  S  T     A  T
 4  T        A  I  R  E  D           H  U  G  O
 5  O  R  I  G  I  N  A  L     A  P  E  R  C  U
 6  M  O  G  U  L     I     B  O  O  N  E  R
 7  I  T  E  M     L  A  B  O  R  E  R
 8  C     S  P     O  P  E  R  A  T  E  D     F
 9        T  O  W  E  R  E  D     T  A  B  U
10  M  O  T  I  V  E     A  S  E     I  R  E  S
11  U  P  R  O  A  R     T        S  C  E  N  E
12  M  E  N  U        A  I  S  L  E           L
13  M  N     S  E  R  M  O  N  I  N  G     S  A
14  E        C  O  I  N              P  R  I  G
15  R  E  I  M  B  U  R  S  E     C  A  D  R  E
```

Solution No. 39

```
    1  2  3  4  5  6  7  8  9 10 11 12 13 14 15
 1        L  A  M  P        C  R  O  P
 2  S        W  A  I  T     A  P  E  D        P
 3  T     C  O  N  S  U  M  M  A  T  E  D     R
 4  R  A  L  L  Y     M  E  N     E  D  U  C  E
 5  A  B  A        D  O  S  E  S        V  O  W
 6  P  E  R  F     E  R  A  S  E     C  E  T  A
 7     T  O  R  A  N     I  N  E  R  T     R
 8        A  M  O  K     C  I  T  E
 9  B     A  M  A  T  I     O  A  S  I  S
10  R  U  L  E     E  N  T  E  R     T  R  A  P
11  A  N  A        S  E  E  D  S        O  N  E
12  W  O  R  L  D     T  A  G     R  A  N  E  E
13  N     M  E  R  C  I  L  E  S  S  L  Y     V
14  Y     N  A  R  C     S  U  I  T        E
15        E  D  G  Y           E  S  S  O
```

Solution No. 40

```
    1  2  3  4  5  6  7  8  9 10 11 12 13 14 15
 1        C  A  L  F        I  P  A  S
 2  U     C  O  L  A     A  C  I  D        B
 3  N     I  N  C  U  N  A  B  U  L  U  M     R
 4  R  A  N  E  E     I  L  O     E  R  A  S  E
 5  I  O  N     A  L  I  V  E        U  T  A
 6  P  L  E  B     M  I  T  E  S     A  V  I  D
 7  E     R  E  S  E  T     C  A  P  E  R
 8           T  I  N  Y     T  A  L  E
 9     A  M  A  T  I     O  P  E  R  A     R
10  E  G  I  S     T  R  I  T  E     S  I  D  E
11  R  E  X     Y  E  S  E  S        R  O  D
12  U  S  U  A  L     D  I  M     O  B  E  S  E
13  P     P  R  O  V  I  S  I  O  N  E  D     E
14  T     A  B  E  D     C  R  U  S        M
15     A  B  E  T           E  S  T  S
```

Solution No. 41

```
    1  2  3  4  5  6  7  8  9 10 11 12 13 14 15
 1  D  R  O  W  S  Y     M  O  N  A  S  T  I  C
 2  C  A  R  O  L        B  O  G           D  H
 3     T     M  U  D  S  L  I  D  E     A     I
 4  S        A  G  A  P  E     D  E  M  O  N
 5  H  E  W  N     T  E  G  A  L     N  I  D  O
 6  O  V  A     T  A  C  I  T     M  S  D  O  S
 7  P  E  R  G        I  T  A  L  I  C
 8  S     P  A  C  I  F  I  C  A  T  O  R     F
 9        R  O  L  I  M        E  N  E  M  A
10  A  L  O  N  G     C  A  I  N     C  E  I  L
11  V  A  L  E     E  S  T  S     T  E  L  L  S
12  U  N  I  T  S        E  L  S  E        D  E
13  L     D     P  O  S  S  E  S  S     A     T
14  S  A        O  A  K           T  E  M  P  T
15  E  L  E  C  T  R  I  C     D  Y  N  A  M  O
```

Solution No. 42

```
    1  2  3  4  5  6  7  8  9 10 11 12 13 14 15
 1  E  N  D  O  R  S  E  D     F  I  G  U  R  E
 2  R  B        A  I  R        P  O  S  E  S
 3  R     B     P  R  E  D  A  T  O  R     D
 4  A  S  I  D  E        E  L  I  D  E        W
 5  T  A  B  U     B  A  S  I  N     D  E  L  I
 6  A  X  I  O  M     G  I  V  E  R     P  A  R
 7           D  E  M  O  D  E        P  I  N  E
 8  D     X  E  N  O  G  E  N  E  T  I  C     D
 9  U  S  I  N  G     R  E  V  E  L
10  M  E  N  U     P  E  A  S     C  L  O  S  E
11  M  A  G  M  A     C  T  S  S     A  L  U  M
12  I  T        G  U  R  U        C  R  I  M  E
13  E     O     A  L  U  M  N  A  E     D     N
14  S  A  B  O  T           E  O  N        A  D
15  T  R  I  N  E  R     J  I  L  T  I  N  G  S
```

Solution No. 43

```
   1  2  3  4  5  6  7  8  9 10 11 12 13 14 15
1  ■  R  A  W  H  I  D  E  ■  D  E  A  F  ■  ■
2  B  ■  ■  I  E  O  ■  ■  H  E  G  I  R  A  ■
3  R  ■  I  N  A  N  E  ■  A  V  A  T  A  R  ■
4  U  N  M  O  T  I  V  A  T  E  D  ■  C  O  B
5  T  O  M  ■  ■  C  A  M  E  L  ■  B  A  M  A
6  U  T  U  R  N  ■  D  I  D  O  ■  U  S  A  S
7  ■  S  N  E  E  R  E  R  ■  P  A  R  ■  S  E
8  ■  ■  E  N  T  E  R  ■  O  E  L  L  A  ■  ■
9  M  A  ■  E  S  P  ■  S  P  R  E  A  D  S  ■
10 A  C  O  G  ■  R  A  L  E  ■  S  P  E  E  D
11 A  C  R  E  ■  I  N  U  R  E  ■  ■  P  M  E
12 M  E  D  ■  A  N  I  M  A  L  I  S  T  I  C
13 ■  P  E  T  I  T  E  ■  S  I  T  E  S  ■  A
14 ■  T  R  A  D  E  R  ■  ■  T  E  R  ■  ■  Y
15 ■  ■  S  L  E  D  ■  E  L  E  M  E  N  T  ■
```

Solution No. 44

```
   1  2  3  4  5  6  7  8  9 10 11 12 13 14 15
1  ■  R  A  N  G  ■  T  E  N  D  E  R  S  ■  ■
2  F  O  R  A  Y  S  ■  ■  E  E  L  ■  ■  A  ■
3  I  M  P  O  R  T  ■  A  T  L  A  S  ■  G  ■
4  O  L  P  ■  P  O  R  T  R  A  I  T  U  R  E
5  G  L  E  N  ■  P  A  R  I  S  ■  ■  T  U  N
6  R  I  D  E  ■  I  P  A  S  ■  S  T  U  N  T
7  E  N  ■  G  E  L  ■  P  E  C  K  E  R  S  ■
8  ■  ■  V  A  L  O  R  ■  N  O  I  S  E  ■  ■
9  R  O  T  A  T  O  R  ■  N  M  T  ■  M  A  ■
10 S  I  R  E  N  ■  B  E  R  G  ■  I  D  E  M
11 A  F  T  ■  ■  V  O  L  A  R  ■  S  E  M  I
12 S  T  E  R  E  O  T  Y  P  E  S  ■  S  O  D
13 S  ■  X  O  U  T  S  ■  E  V  A  D  E  R  ■
14 Y  ■  ■  A  R  E  ■  D  E  N  A  R  Y  ■  ■
15 ■  E  N  D  O  R  S  E  ■  S  E  N  T  ■  ■
```

Solution No. 45

```
   1  2  3  4  5  6  7  8  9 10 11 12 13 14 15
1  R  A  P  P  A  R  E  E  ■  S  P  A  R  E  D
2  E  V  ■  A  T  E  ■  D  ■  C  A  F  E  ■  I
3  L  A  B  ■  T  A  T  ■  R  A  N  I  ■  A  S
4  I  T  ■  T  U  T  E  L  A  R  I  E  S  ■  P
5  C  A  T  E  N  A  ■  O  C  ■  C  L  O  N  E
6  ■  R  U  N  E  ■  A  C  E  R  ■  D  U  A  L
7  ■  R  O  ■  A  N  I  M  U  S  ■  R  V  S  ■
8  ■  V  I  R  A  G  O  ■  O  S  C  I  N  E  ■
9  P  E  S  ■  C  E  R  I  S  E  ■  C  E  ■  ■
10 R  E  T  S  ■  S  E  R  E  ■  L  I  S  P  ■
11 O  R  A  T  E  ■  X  E  ■  C  A  E  S  A  R
12 W  ■  S  O  R  D  I  D  N  E  S  S  ■  R  A
13 E  G  ■  N  A  R  C  ■  E  A  T  ■  B  A  T
14 S  ■  M  E  S  A  ■  A  ■  S  E  T  ■  D  E
15 S  U  N  S  E  T  ■  C  R  E  D  I  T  E  D
```

Solution No. 46

```
   1  2  3  4  5  6  7  8  9 10 11 12 13 14 15
1  E  N  R  A  P  T  ■  C  H  A  R  I  S  M  A
2  N  ■  T  S  A  R  ■  U  ■  M  E  D  ■  A  S
3  F  X  ■  S  L  A  B  ■  S  E  A  ■  P  S  I
4  L  ■  C  O  M  P  A  R  A  B  L  E  ■  C  A
5  A  F  A  R  S  ■  L  A  ■  A  M  N  I  O  N
6  M  I  T  T  ■  M  E  N  U  ■  S  N  R  T  ■
7  E  L  H  ■  D  E  F  I  N  E  ■  U  O  ■  ■
8  ■  M  E  T  A  S  I  ■  A  R  M  I  N  G  ■
9  ■  D  R  ■  A  R  A  B  I  C  ■  I  R  S  ■
10 P  R  O  D  ■  E  L  A  N  ■  C  C  E  O  ■
11 P  L  A  T  E  S  ■  P  T  ■  B  R  A  W  L
12 A  E  ■  H  O  M  O  S  E  X  U  A  L  ■  D
13 R  A  M  ■  D  I  N  ■  D  O  E  S  ■  G  I
14 E  S  ■  C  A  T  ■  M  ■  U  N  I  T  ■  E
15 S  E  V  E  R  E  L  Y  ■  T  O  S  S  E  R
```

Solution No. 47

```
   1  2  3  4  5  6  7  8  9 10 11 12 13 14 15
1  A  S  S  E  G  A  I  ■  P  R  E  C  I  P  ■
2  B  ■  J  I  N  N  I  ■  E  N  D  E  R  ■  ■
3  I  D  ■  L  I  O  N  E  S  S  ■  D  O  ■  ■
4  D  I  S  C  A  L  C  E  A  T  E  D  ■  B  ■
5  E  R  E  ■  E  U  V  E  ■  V  I  G  I  L  ■
6  R  E  M  I  T  ■  L  I  ■  S  E  V  E  R  E
7  ■  I  N  ■  D  A  T  E  ■  I  T  E  M  ■  ■
8  A  ■  S  E  C  T  A  R  I  A  N  ■  S  ■  ■
9  B  A  I  T  ■  E  B  O  N  ■  E  V  ■  ■  ■
10 U  P  C  A  S  T  ■  I  S  ■  W  R  I  S  T
11 S  C  E  N  E  ■  S  L  I  M  ■  S  E  I  ■
12 I  ■  T  E  R  G  I  V  E  R  S  A  T  E  ■
13 N  I  ■  T  O  R  T  I  L  E  ■  S  P  ■  ■
14 G  R  A  P  H  ■  Y  T  E  N  E  ■  I  ■  ■
15 S  A  L  T  E  D  ■  Y  E  T  G  A  O  N  ■
```

Solution No. 48

```
   1  2  3  4  5  6  7  8  9 10 11 12 13 14 15
1  S  A  B  I  N  E  ■  A  T  T  U  N  E  D  ■
2  O  P  E  R  A  ■  U  N  I  O  N  ■  E  ■  ■
3  F  E  ■  T  E  E  N  I  E  R  ■  O  N  ■  ■
4  T  ■  C  A  L  C  I  M  I  N  I  N  G  S  ■
5  S  C  O  R  N  ■  O  M  A  N  ■  O  R  E  ■
6  O  R  N  A  T  E  ■  A  T  ■  N  E  V  E  R
7  A  Y  E  S  ■  A  G  I  N  ■  Y  A  ■  ■  ■
8  P  ■  H  E  R  B  I  V  O  R  E  ■  P  ■  ■
9  ■  D  E  ■  D  O  N  E  ■  I  C  E  R  ■  ■
10 E  L  I  D  E  ■  R  A  ■  A  G  N  A  T  E
11 N  O  S  ■  S  I  T  E  ■  O  G  L  E  D  ■
12 M  U  C  I  L  A  G  I  N  O  U  S  ■  I  ■
13 E  T  ■  A  L  I  V  I  N  G  ■  I  C  ■  ■
14 S  ■  S  T  O  N  E  ■  E  N  A  C  T  ■  ■
15 H  Y  G  I  E  N  E  ■  A  R  C  H  E  S  ■
```

Printed in the United States
by Baker & Taylor Publisher Services